丰田思考法
丰田的问题解决之道

[日] OJT 解决方案股份有限公司 著　朱悦玮 译

Problem solving　THE TOYOTA WAY
●トヨタの問題解決

图书在版编目（CIP）数据

丰田思考法：丰田的问题解决之道/日本 OJT 解决方案股份有限公司著；朱悦玮译.--北京：北京时代华文书局，2015.6（2025.10重印）
ISBN 978-7-5699-0319-5

Ⅰ.①丰… Ⅱ.①日… ②朱… Ⅲ.①丰田汽车公司－工业企业管理－经验 Ⅳ.①F431.364

中国版本图书馆 CIP 数据核字 (2015) 第 136588 号

北京市版权著作权合同登记号 字：01-2021-0841

TOYOTA NO MONDAI KAIKETSU
BY OJT Solutions, INC
Copyright © 2014 OJT Solutions, INC
Edited by CHUKEI PUBLISHING
All rights reserved.
Original Japanese edition published by KADOKAWA CORPORATION, Tokyo.
Chinese (in Simplified character only) translation copyright © 20XX by Beijing Times-Chinese Press
Chinese(in Simplified character only) translation rights arranged with
KADOKAWA CORPORATION, Tokyo. through Bardon-Chinese Media Agency, Taipei.

丰田思考法：丰田的问题解决之道

著　　者｜［日］OJT 解决方案股份有限公司
译　　者｜朱悦玮

出 版 人｜陈　涛
选题策划｜胡俊生　樊艳清
责任编辑｜樊艳清
装帧设计｜程　慧　王艾迪
责任印制｜訾　敬

出版发行｜时代出版传媒股份有限公司　http://www.press-mart.com
　　　　　北京时代华文书局 http://www.bjsdsj.com.cn
　　　　　北京市东城区安定门外大街 136 号皇城国际大厦 A 座 8 楼
　　　　　邮编：100011　电话：010－64267955　64267677

印　　刷｜三河市兴博印务有限公司　0316-5166530
　　　　　（如发现印装质量问题，请与印刷厂联系调换）

开　　本｜880×1230mm　1/32
印　　张｜7
字　　数｜190 千字
版　　次｜2015 年 8 月第 1 版　2025 年 10 月第 20 次印刷
书　　号｜ISBN 978-7-5699-0319-5
定　　价｜36.00 元

版权所有，侵权必究

丰田的问题解决之道
丰田力量的源泉在哪里?

请回答下面的问题

WHY?

┈┈┈┈>

为什么丰田能制造出普锐斯？

ANSWER

因为丰田具有引发革命的创新力

WHY?

┈┈┈┈►

为什么丰田具有创新力？

ANSWER

因为丰田具有引发创新的"思考力"

WHY?

为什么丰田具有"思考力"

ANSWER

因为丰田的员工
都掌握发现问题并且解决问题的
思考方法

WHY?

为什么丰田员工能够解决问题?

ANSWER

因为他们知道解决问题的方法

没错,答案就是
他们拥有在工作现场
日复一日实践得出的解决问题的方法

每一位员工
都按照"8个步骤"解决问题

这种

"思考问题的方法"

才是丰田

真正强大的地方

PROBLEM SOLVING STEP8
解决问题的8个步骤

STEP1 明确问题
从"重要度、紧急度、扩大趋势"三个视角选择应该解决的问题

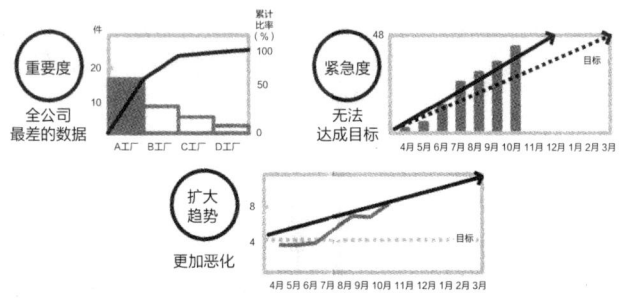

STEP2 把握现状
将问题"按层次"分解，找出"攻击对象"

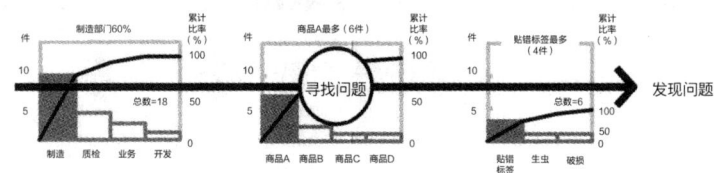

STEP3 设定目标
用具体的数值表示达成目标

目标的3要素  什么问题　　　② 什么时间　　　③ 怎么办

→ 问题商品遭到投诉　　→ 12月末　　→ 将投诉降低到每月2件以下

STEP4 找出真正的原因
对于引发问题的真正原因
要重复问5次"为什么"

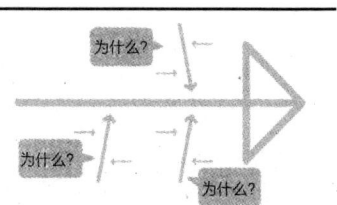

STEP5 建立对策计划

提出解决真正原因的对策方案，聚焦最有效的方案

聚焦对策的5个视点
①效果
②可行性
③成本、时间
④风险
⑤自身成长

STEP6 实施对策

决定对策方案之后，整个团队迅速开始行动

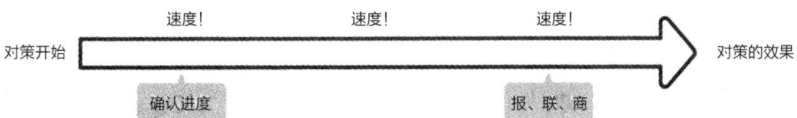

STEP7 确认效果

检查对策实行的结果和目标是否达成

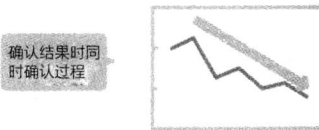

STEP8 固定成果

为了让所有人都能够取得成果，
将成功的过程"标准化"

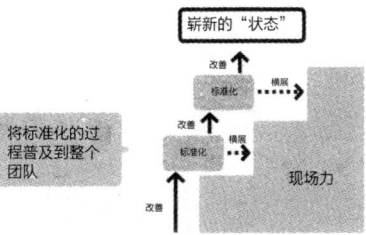

前　言

丰田强大的秘诀是什么？

被问到这个问题的时候，或许绝大多数人都会说"现场的改善力"。

改善是丰田生产方式的象征，全世界都知道"KAIZEN（译者注：改善的日文发音）"是丰田的代名词。

当然，在生产现场日复一日实践得出的"改善"，确实是丰田强大的原因，这是无可争议的事实。

不过，丰田也给人一种只具备优秀的解决问题的"改善力"，而缺乏改变市场格局的创意和商品的感觉。这也是包括丰田在内，全体日本企业的通病。

可是，为什么丰田却成功地完成了开发出普锐斯（混合动力汽车）的革新，并且抢先一步占领了市场呢？除此之外，丰田比其他公司更早进行燃料电池汽车（环保汽车）的开发，又是什么原因呢？

一说起改善，或许很多人认为只是对工作现场出现的问题进行处理，也就是每天不断地解决小问题。目的好像就是为了提高效率和降低成本。

但实际上这只是改善的一面而已。

改善当然有解决每天都会出现的小问题这一面，但也有自己设定问题（应有状态），并且进行解决的一面。

丰田将前者称为"解决发生型问题"，后者称为"解决设定型问题"，并且分别进行不同的思考（详细参照正文第15页）。

普通人理解丰田的改善都是"解决发生型问题"，但在丰田的工作现场，"解决设定型问题"也在每一位员工的身上得到实现。

事实上，"解决设定型问题"才是丰田创新力的基础思考方法，才是开发出普锐斯这样改变市场格局商品的原动力。

甚至可以说，**这是在工作现场每天改善的基础上所诞生出来的创新。**

"每天都在不停地解决问题"；

"业绩和销售额降低了，不知道应该怎么办才好"；

"想不出有创意的点子和企划"。

或许大家都有这样的苦恼。

这些苦恼,绝大多数都是因为缺乏解决问题的能力所导致的。

通过学习丰田经过日复一日的实践所得出的解决问题的方法,就可以使你从这样的烦恼之中解脱出来。

丰田的思考方法(解决问题的方法)可以使你的工作方法发生极大的转变,帮助你取得工作成果。

本书的作者都是从1960年代前半段到2010年代前半段在丰田任职,随后在株式会社OJT-solutions(爱知县名古屋市:丰田汽车与Recruit集团共同出资成立的咨询公司)以指导师身份活跃的原丰田员工。

所有指导师都是曾经领导过100~500名部下的工长、科长等管理监督人员。

他们以在丰田工作现场第一线培养出来的经验和知识为基础,为其他公司的业绩提高和人才培养提供帮助。

指导师只要前往客户公司的工作现场,就能够立刻发现其中存在的问题。

但是,指导师的工作并不是发现问题和解决问题。他们的工作是培养现场的工作人员能够自己发现问题并且用自己的头脑来思考解决之道，彻底改变工作现场的状态。

如果不提高现场工作人员的解决问题能力，那么当指导师离开之后，还会出现新的问题，并且仍然得不到解决。

OJT-solutions的指导师们曾经指导过的公司，不仅限于国内的制造业厂商，还包括超市、医院、金融机构、国内制造业厂商的海外分公司等。不管是怎样的行业和生产现场，甚至包括销售与服务行业，丰田的解决问题方法和人才培养方法都能够适用于其中，并且取得不俗的成果。

解决问题的能力，并不是只适用于丰田的特殊能力。不管在怎样的职场，遇到怎样的问题，都能够将其解决，并且提高生产效率和销售额。

解决问题的能力，不管在任何行业、任何职业，都是必不可少的能力。

本书将对丰田强大的秘诀——与创新相连的解决问题的方法进行解说。

在介绍"解决问题的8个步骤"的过程和思考方法的同时，将通过指导师们在丰田工作时的具体事例来加以说明（关于8个步骤的大致流程和关键点可以参考本书"解决问题的8个步骤"示意图）。

通过解决问题的8个步骤，谁都能够对"问题是什么""真正的原因在哪里""应该采取怎样的对策"从理论上进行分析。只要能够以这8个步骤为基础进行思考，你的职场生涯都将发生巨大的转变。

此外，本书并不是对丰田解决问题方法的手册进行解说的说明书，而是为了让大家都能够掌握丰田解决问题的视角和关键要素，从而在各行各业之中，通过自身的能力解决问题。

如果通过本书能够提高大家解决问题的能力，帮助大家在工作中取得更大的成果，那将是我们最大的荣幸。

株式会社OJT-solutions

本书出现的丰田术语解说

班长、组长、工长、科长

本书中出现的丰田编制。"班长"是从入职10年左右的员工中选拔出来的工作现场的领导,手下管理10名以下的员工。管理几名班长的是"组长",管理几名组长的是"工长",管理几名工长的是"科长"。现在丰田的职位称呼有所改变,"班长"变为"TL"(Team Leader),"组长"变为"GL"(Group Leader),"工长"变为"CL"(Chief Leader)。

改善

丰田生产方式的核心思考方法。全员参加,彻底消除无用功,提高生产效率的组织活动。如今被多数企业所采用,是日本制造业强大力量的源泉。

QC小组

"Quality Control"的略称。自主进行改善活动的团体,在丰田由4~5人构成。全员分别担任leader、书记等职务,为改善职场中出现的问题,以及维持应有状态进行管理活动。

7种工具

QC小组从把握问题到解决问题的活动中,各阶段所采用的科学方法,包括图表、管理图、直方图、检查表、帕累托图、特性要因图、散布图等。

标准

根据当前品质与成本方面最佳的做法和条件,通过改善时刻保持进化的方法。操作者需要根据这一方法进行工作,包括工作手册、工作指导书、品质检查手册、刃具更换操作手册等等,都是凝聚了现场操作经验的工作手册。

三现主义

"现场、现物、现实"。丰田重视现场的思考方法,认为"只有去现场才能看到真相"。据说这最早是由本田的创始人本田宗一郎氏所提出的。

横展

"横向展开"的略称。丰田生产方式的术语,将某生产线或工作现场的成功经验普及到其他类似的生产线或工作现场。

可视化

通过组织内部共享情报,可以尽早发现现场的问题,并且高效率地进行改善,可以通过图表或者表格等各种方法实现可视化。

目 录

前 言 / 1

本书出现的丰田术语解说 / 6

PART 1　改变工作成果的丰田问题解决之道

01 "没有问题"就是最大的问题 / 2

02 问题就是"应有状态"和"现状"的差异 / 8

03 解决问题的基础是"发生型"和"设定型" / 15

04 "未来指向型"引发创新 / 23

05 "未来指向型"要有明确的"想法" / 30

06 解决问题的"8个步骤" / 34

PART 2　解决问题的8个步骤

STEP 1　明确问题

01 "先决定问题"和"先决定对策"都是错误的 / 42

02 不要选"想解决"的问题,而要选"应解决"的问题 / 46

03 发现问题的7个视点／51

　　04 问题存在于"不干净"的地方／58

　　05 聚焦问题的3个视点／65

　　06 用"数据"来表示问题／71

　　07 最初可以"设想"／76

STEP 2　把握现状

　　01 将问题分解／82

　　02 寻找数据的"偏差"／88

　　03 用"三现主义"找出问题点／93

　　04 解决问题时切忌急躁／98

STEP 3　设定目标

　　01 "应有状态"与"目标"不同／107

　　02 用数值表示目标／112

STEP 4　找出真正的原因

　　01 重复5次"为什么"／119

　　02 用"特性要因图"寻找真正的原因／125

　　03 确认"是否是真正原因"的3个要点／133

　　04 寻找"真正"的真正原因／139

　　05 不要把"真正的原因"推给别人／146

STEP 5~7　建立对策并且实行

　　01 提出尽可能多的对策／152

　　02 决定对策的优先顺序／158

　　03 速度！速度！速度！／164

　　04 百行不如一果／169

　　05 确认效果要严守期限／173

　　06 除了结果之外还要确认"过程"／177

STEP 8　固定成果

　　01 固定成果／181

　　02 共享工作的"过程"／186

　　03 解决问题没有尽头／191

结　语／195

| PART | 1 |

改变工作成果的丰田问题解决之道

[STEP]

0

思考

LECTURE
01

「没有问题」就是最大的问题

〉〉 POINT

即便乍看上去很顺利的职场,也一定存在着问题。具有发现问题的能力才会使工作变得更好。

没有烦恼的人最烦恼

这个世界上有各种各样解决问题的方法。

过去麦肯锡和波士顿咨询公司等外资咨询公司的解决问题方法备受日本商界人士的关注。

但是,丰田从创业开始不久便对解决问题的方法不断地进行改善,如今丰田的解决问题方法也已经非常成熟并被国内外企业纷纷效仿。

甚至可以说,解决问题是丰田企业文化的核心。丰田的原副社长,被称为"改善之鬼"的大野耐一曾经这样说道:

"没有烦恼的人最烦恼。"

换句话说,就是"没有问题就是最大的问题"。

这句话传达了一个信息,那就是不断地解决问题并进行改善,可以培养人才,使公司变得更加强大。

丰田认为,发现问题并且解决问题,是员工的基本技能。但是,很多公司"虽然发现问题却并不将其看做问题",只是对其置之不理。

指导师大鹿辰己这样说道：

"我们到客户公司所进行的第一项工作，就是让他们把问题当成问题来认识。比如说，某公司的营业员无法达成销售指标，我会问'你们是否掌握营业负责人的行动'？对方的回答是'他们每天都写日报应该没问题'。但是，我在更进一步地交流后发现，实际上有一部分负责人并没有写日报。明明出现了没有通过日报来进行情报共享从而掌握营业负责人动向的问题，但是对方公司却并没有将这个情况当成问题。我认为正因为这些他们没有意识到的问题累积起来，所以才导致销售指标无法达成。"

如果在生产现场的话，一旦出现问题会立刻以残次品的形式表现出来，所以很容易发现问题。但是在办公室和销售现场，问题是不会明确地出现在眼前的。

比如事务性工作的生产效率很难用数字来表现。另外，在销售和服务业的现场，如果不出现客户投诉或者销售额降低等明显的现象，也很难发现问题。但绝大多数的客户是不会明确表达不满的，他们会选择直接离开不再光顾。

所以在这样的职场工作的人，更需要掌握"将问题看成问题"的技能。

画个圆圈站在里面！

不管什么工作，从大事到小事，肯定潜藏着问题。

丰田会让员工在工作现场彻底锻炼发现问题的能力。

老员工有时候会让新员工"画个圆圈站在里面"。如果你站在一个地方一直观察工作现场，就会发现谁在做无用功，哪些事情是多余的。

新员工经常注意不到哪些事情是无用功，所以老员工会给他们一些提示，锻炼新员工发现问题的能力。

指导师大鹿认为"经常问自己，现在的工作方法是不是最佳的方法，这是非常重要的"。

"工作能不能更轻松？工作量能不能更小？成本能不能更低？无用功能不能更少？——像这样不断地问自己'能不能'，很容易发现工作中存在的问题。"

如果长时间用同样的方法进行工作，那么就算出现问题也会认为是理所当然的。时刻提醒自己"没有问题的工作是不存在的"，这是提高解决问题能力的第一步。

拥有问题意识,经常问自己"能不能……"

现在工作的方法

↓

工作能不能更轻松?
工作量能不能更小?
成本能不能更低?
无用功能不能更少?
效率能不能更高?
客户能不能更满意?

↓

发现问题

[STEP]

0 思考

LECTURE
02

问题就是『应有状态』和『现状』的差异

〉〉POINT

认识问题需要首先将问题找出来。第一步是明确应有状态与现状的差异。

丰田所说的"问题"是什么?

丰田将"问题"定义为:

"应有状态"与"现状"的差异。

所谓"应有状态",指的是具体的目标、基准以及标准。

比如说,产品的目标不良率为3%,现状却是5%。这3%与5%之间的差异,就是必须解决的问题。

丰田经常使用"标准"这个词。

所谓"标准",就是现在最佳的方法和条件,工作人员要以此为依据来进行工作。具体来说,就是工作手册、操作指导书、品质检查手册等,各职场有各种各样的"标准"。由于是"现在最佳",所以今后可能会发生改变,而且难以数值化。

正因为有这样的"标准",工作的质量才有所保证。

即便不用"标准"这样的说法,但在所有的职场或工作中,肯定也存在"这样做才正确""高效的做法""达成目标的方法"

等一定之规。

如果没有达到"标准"或者出现差异的情况下,就必须承认发生了问题。

不知道什么是"应有状态"就无法发现问题

知道什么是目标、基准和标准,是解决问题的第一步。

那么,如果没有这些,又将怎样呢?

假设你是营业负责人,你每个月能够实现300万日元的营业额,自己觉得"干得不错",但上司对你的评价却不高。为什么呢?因为其他的营业负责人每个月都在500万日元以上。

在这种情况下,如果你不知道500万日元这个基准(目标),仍然认为自己"干得不错",那么就无法认识到自己营业额太低这个问题。

也就是说,如果不知道目标、基准和标准等"应有状态",就无法发现问题。设定"应有状态"是解决问题的重要过程之一。

问题就是"应有状态"和"现状"的差异

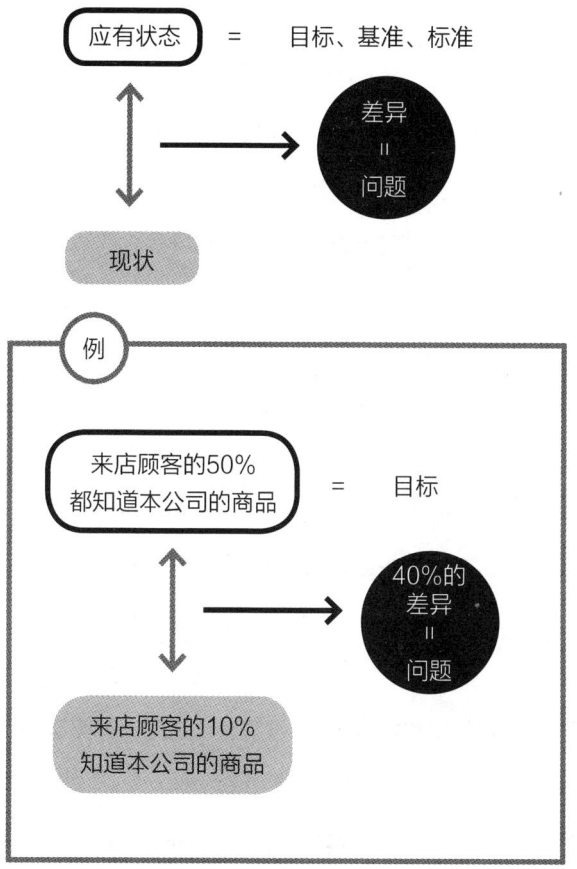

社长与社员的"应有状态"不同

不过,立场不同,"应有状态"也不同。

比如社长的"应有状态"与新员工的"应有状态"是不同的。另外,社长与现场的营业负责人的"应有状态"也不同。

对某公司的营业部门进行过指导的指导师大鹿辰己这样说道:

"关于'应有状态'没有绝对的标准答案。因为每个人的价值观、经历和立场各不相同。某公司的社长认为'成为世界知名公司'是'应有状态',但对该公司的营业负责人来说'与负责的客户建立起良好的关系,使顾客满意'则是'应有状态'。在这种情况下,如果社长将自己的'应有状态'强加于部下身上,那么对于营业负责人来说,就相当于在解决他人的问题。"

解决问题的人如果对问题不理解,那么问题就无法得到实质性的解决。

"应有状态"和"理想状态"不同。类似于"如果这样该多好啊"的无法实现的愿望,是不可能实行的。如果工作现场的员工们认为目标无法实现，那么这就是"理想状态"。

"应有状态"绝非痴人说梦。身为经营管理者经常会提出一些远大的理想，但要注意不要把自己的"应有状态"强加于部下身上。

由于立场、职责、经历等原因造成"应有状态"不同的情况，原则上应该根据个人和团队的能力来思考"应有状态"，并且在其能力范围内解决问题。超出能力范围的问题无法得到解决，只会被置之不理。

指导师山口悦次认为"思考'应有状态'的时候，应该将团队任务和成员个人的想法结合起来，这是非常重要的"。

"将团队的'应有状态'强加于成员个人身上，只会成为单纯的理想论，而无法解决问题。如果团队的'应有状态'是'降低成本'，那么应该与成员个人'不想加班'的想法结合起来。如果没有加班，就可以减少加班费，从而实现降低成本的目的。"

通过成员身边的改变，实现团队的"应有状态"，从而使团队整体都充满干劲。

不过，与公司发展有关的问题还是应该优先解决。尤其是中层以上的管理人员，必须选择与公司发展有关的问题来进行解决。

但普通员工和对解决问题还不太习惯的人，可以先从自己身边的小事做起。比如"严守工作期限""牢记商品知识""减少加班时间"等等。

解决问题的基础是"发生型"和"设定型"

[STEP] 0 思考

LECTURE 03

>> POINT

解决每天困扰自己的问题是"发生型",解决自己定义的问题是"设定型"。

解决问题的3个种类

丰田将解决问题分为以下3个种类：

①解决发生型问题
②解决设定型问题
③解决未来指向型问题

丰田有班长、组长、工长、科长等职位，每一个职位晋升前后都会进行"岗位研修"，而研修的主要内容就是解决问题。根据职场可能出现的问题设定不同的内容，学习解决问题的过程。

岗位研修依次是班长前教育、组长前教育、工长前教育，随着职位的提高，研修内容也随之提高。

班长前教育主要学习：①解决发生型问题；组长前教育主要学习：②解决设定型问题；工长前教育主要学习：③解决未来指向型问题。

也就是说，解决问题的难易度以①→②→③的顺序逐渐递增。

在这里首先为大家说明，①解决发生型问题和②解决设定型问题之间的区别。

专注于解决每天发生的问题

虽然不管发生型问题还是设定型问题，都是"应有状态"和"现状"之间出现差异，但设定型问题比发生型问题更加高端。

发生型问题，指的是昨天发生的问题、今天发生的问题，或者慢性化每天发生的问题，也是没有达到已经存在的"应有状态"（目标、基准、标准）的问题。

"出现残次品""库存积压""灯光太暗难以工作"这些都是眼前出现的问题。

在办公室的话，"经常出现资料确认错误""营业负责人的访问次数不足""客户的投诉增加"等问题都属于发生型问题。

解决发生型问题就是现状处于负面状态，为了消除负面影响而解决的问题。

目标更高的"解决设定型问题"

解决设定型问题,就是在未来半年至3年时间内需要解决的问题。虽然现状满足"应有状态"的基准,但设定更高的"应有状态",下意识地创造出差异(问题)。

比如下面的例子,就属于解决设定型问题。

·现在残次品率满足3%的基准,半年后残次品率的目标是1%。

·现在销售额达到4 000万日元的基准,1年后销售额目标是5 000万日元。

·顾客要求的品质水平提高了,本公司的商品品质也要相应提高。

·虽然现在没问题,但为了今后招聘应届毕业生,所以要完善公司内部的研修体制。

·3年后会有很多员工退休,所以现在增加招聘人数。

虽然现在没有出现问题,但不久的将来"应有状态"发生变化,导致现状需要随之提高的时候,就需要解决设定型问题。"因为1年后消费税提高,所以需要调整销售战略",外部环境的变化导致"应有状态"发生变化，这也属于解决设定型问题。

在解决设定型问题时，基本上要按照公司上级制定的方针政策来进行设定和解决。如果设定的问题与上级制定的方针政策有偏差，那么就算解决了问题也不会得到公司和上司的好评，更不会得到协助。所以在解决设定型问题时，一定要确定是否符合上级制定的方针政策。

"解决发生型问题"和"解决设定型问题"

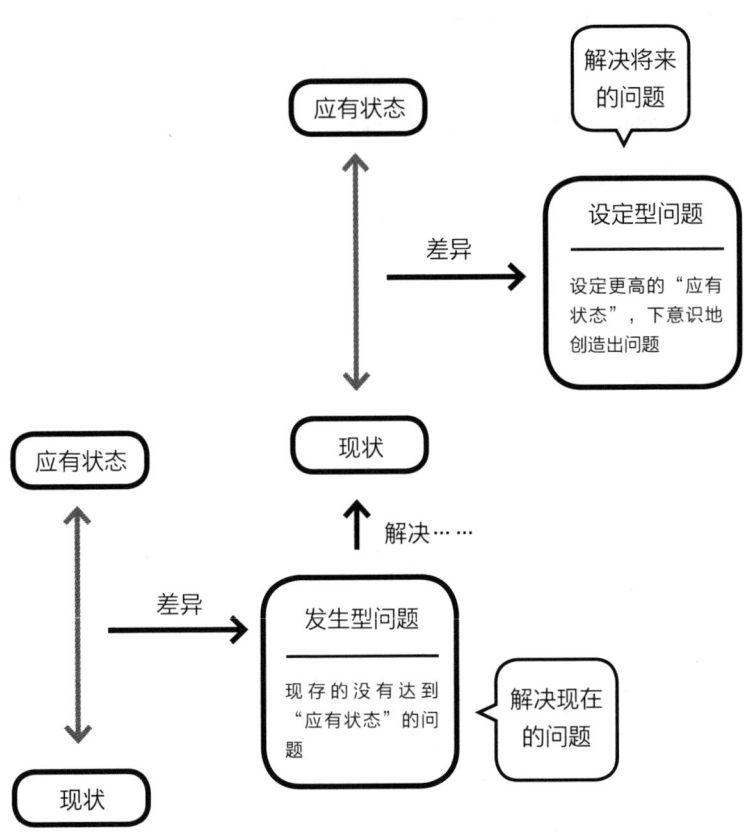

解决问题的能力是残留在工作现场的"最后的工匠之技"

刚入职不久的新人,主要以解决发生型问题为主,但积累一定经验成为公司的中坚力量之后,就需要自己设定问题,并且解决设定型问题了。入职第三年开始,就要训练自己在每天的工作中思考解决设定型的问题。

指导师谷胜美关于解决设定型问题的重要性是这样说的:

"在自动化得到普及的今天,曾经被称为'工匠之技'的工作经验与技能逐渐被自动化所取代。所以,如果心不在焉地工作,那么人就变成了只进行固定工序的单纯的'操作者'。但是,即便在自动化普及的今天,我们自己设定问题并且加以解决的技术,仍然无法被机械化所取代。可以说解决问题的能力,是残留在工作现场的'最后的工匠之技'。"

这不仅限于制造业的工作现场,也同样适用于所有的行业和职业。

比如最近越来越多的公司在内部使用英语交流，会说英语的人才变得越来越重要。但是，在全球化趋势愈发明显的今天，英语能力已经成为必备的技能，而要想与世界上的其他商业精英为伍，除了英语之外还需要其他的能力。

其中之一就是解决问题的能力。

不管解决发生型问题还是解决设定型问题，都不是只在生产现场才需要的能力，也同样适用于经营、服务业、企划开发等职场的诸多领域，在办公室工作的事务性职位也需要这两种能力。

比如从事事务性工作的人，为了达成"减少加班时间"这个"应有状态"，将之前只印刷一次的传票改为统一成套印刷，从而缩短工作时间，实现减少加班的目的。

解决问题的能力，是所有商务人士必不可少的能力。

[STEP] 0 思考

LECTURE 04

「未来指向型」引发创新

>> **POINT**

　　站在中长期的视点上设定"应有状态"的"未来指向型",才能诞生出普锐斯这样的创新。

着眼于中长期的"解决未来指向型问题"

那么,最后的"解决未来指向型问题"又是什么呢?

如果说解决设定型问题是针对短期的"应有状态",那么解决未来指向型问题则是站在中长期的视点上,根据世界局势设定"应有状态",弥补与"现状"之间存在的差异。

因为同样是自己设定"应有状态",所以未来指向型也可看做是"解决设定型问题"的发展型,但在视点的高度以及"背景"的广度上,却与设定型之间存在着极大的区别。

这里所说的"背景",对丰田来说包括如下几点:

世界经济形势以及今后的动向。
世界汽车产业的状况以及今后的发展。
日本的经济和汽车产业将来会是怎样的状态。

对上述这些世界局势加以分析后,就可以分析自己身边可能出现的问题,从而发现未来指向型的问题:

丰田汽车应该采取怎样的行动？

自己的职务和职场应该处于怎样的状态？

自己应该做什么？

丰田的研修在选择主题后，会利用大约6个月的时间来解决实际的问题。在最开始，所有人都会被要求写出世界局势和经济环境等"背景"。这就需要我们通过阅读报纸和新闻来开拓自己的视野，增长自己的见识。

"普锐斯"诞生于丰田的原因

解决未来指向型问题而使视野更加广阔，因此经常可能引发创新。

丰田的混合动力汽车"普锐斯"就是在解决未来指向型问题时诞生的。

普锐斯是丰田于1997年开始生产销售的世界第一款量产型混合动力汽车，拥有电池马达和汽油引擎两个动力源，具有节约燃油费的特点。现在已经成为日本国内销量最好的汽车之一。

当时，丰田从长远的角度对世界局势进行了分析，认为将来石油枯竭，油价居高不下。同时也预测到将来环境问题将更加严峻。因此丰田认为在不远的将来，大量消耗石油并且对环境造成污染的汽车，发展前景不容乐观。

在这样的背景下，丰田基于"让人与地球都更加舒适"这一观点（应有状态）开发出来的产品就是普锐斯。

如果只想着提高生产效率、降低生产成本等增加眼前利益的问题，是绝对不会拥有创新思想的。只有聚焦于未来的"应有状态"，才能够实现创新。

来源于拉丁语"先驱"的"PRIUS（普锐斯）"这一车名，正是丰田面向未来的表现。

"普锐斯"只是解决未来指向型问题的一个例子，但这说明丰田除了解决发生型问题和解决设定型问题之外，还存在着一个视野更为广阔的解决问题方法。

很多人一提到丰田，或许首先想到的都是降低成本、减少时间等非常传统的改善活动。

但是，在日复一日的改善活动之外，丰田也同样拥有引发创新的未来指向型解决问题的方法。

解决日常问题与创新的关系

解决未来指向型问题,实际上是经营者和领导的工作。

丰田在进行工长前教育和新任科长教育时,都会认真地对其进行解决未来指向型问题的训练。

指导师中岛辉雄这样说道,"从现实的角度来说,不同的立场和职位,所应该解决的问题也不同"。

"组织的规模可以作为一种参考,解决未来指向型问题的是经营层,解决设定型问题的是管理者(丰田的工厂长、部长、科长),解决发生型问题的是监督者(工长、组长、班长)和普通员工。当然,管理者和监督者、新项目的负责人有时候也解决未来指向型问题,普通员工有时候也需要解决设定型问题。尤其是小公司由于缺乏足够的人才,经常需要下位职务人员解决上位的问题。"

因此,请不要拥有"我的立场不需要解决未来指向型问题,所以与我无关"这样的想法。

要想解决未来指向型问题,确实需要一定程度的工作经验和业绩,但基本步骤和解决发生型问题与解决设定型问题是一样的。

只是问题的内容变得更大,而方法本身并没有任何变化。

因此,当你在职场不断重复解决发生型问题和设定型问题的时候,自然而然也就培养出了解决未来指向型问题的能力。

可以说"解决日常问题关系到将来的创新"也不为过。

相反,也有最初是未来指向型问题,但在具体解决的过程中变成设定型问题和发生型问题的情况。

比如公司的领导层提出"开发新领域商品"的未来指向型问题,但对工作岗位上的员工个体来说,只是"新领域市场分析"级别的问题。

由此可见,3种问题的解决方法是相通的。

解决日常问题关系到将来的创新

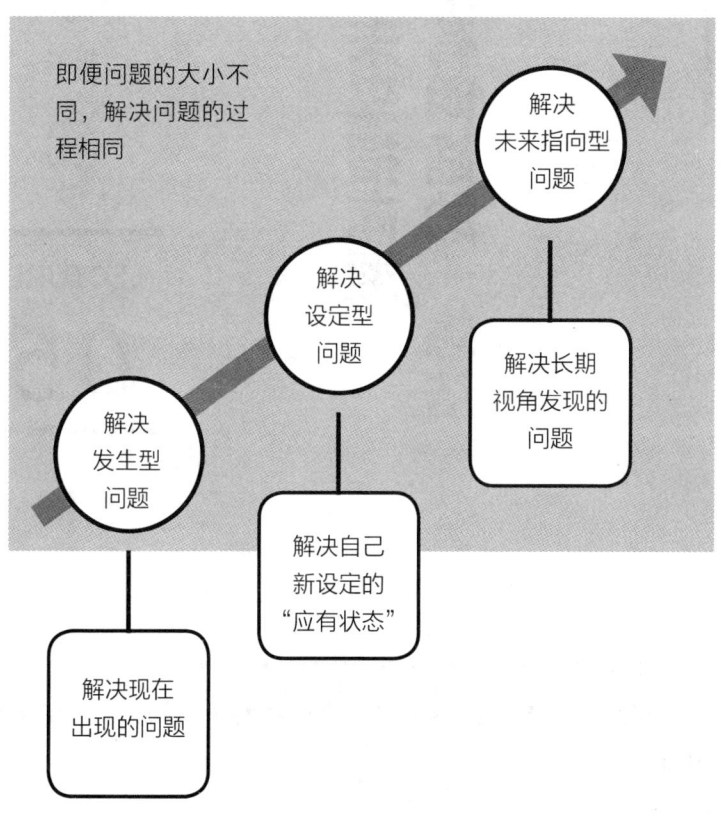

[STEP] 0 思考

LECTURE 05

要有明确的『未来指向型』『想法』

>> POINT

空洞的口号不会引发创新。只有明确的"想法"才能走到最后。

未来指向型必须明确"想要做什么"

指导师加藤由昭认为,在解决未来指向型问题的时候,"想要做什么"的明确想法是必不可少的。

某企业的工厂长苦恼于该企业慢性的赤字情况,向加藤寻求帮助。加藤首先对他提出了这样的问题:

"你想怎么做?"

这是为了确认工厂长的"想法"。

对方的回答是"将批量生产转变为订单生产,消除库存,让工作变得更加顺畅"。

加藤又继续问道"具体想要怎样的结构"?"时间上怎么安排"?进一步明确工厂长的"想法",让他为了实现订单生产而开始采取行动。

"要想解决未来指向型问题,不能笼统地指示'干这个''干那个'。在解决未来指向型的大问题时,需要首先明确自己'想要这样做',自发地采取行动。相反,如果没有明确的想法,在解决问题时肯定会处处碰壁,也无法让别人理解你的想法对你提供帮助。"

解决未来指向型问题时，首先应该问自己（对方）想要做什么。

会不会变成空喊口号

丰田会在年初提出公司的年度目标。比如"确立全世界生产1 000万台的体制"。以这个目标为基础，公司上下各个部门制定相应的方针政策，并且安排工作现场的任务。

丰田的目标之中也含有自己的想法。

这并非是"生产1 000万台"的空洞口号，**而是根据世界局势和汽车业界的状况，以及丰田所处的立场等各种各样的"背景"，所得出的"应有状态"。**

但是，许多公司的经营者所提出的目标，却只是空喊口号，里面没有自己的"想法"。比如说"建立安心、安全的企业""为社会做出贡献"等空洞的口号里根本看不出公司未来的发展方向。

没有明确的目标，无法将公司的发展目标传达给基层员工，那么这个公司在解决问题（特别是解决设定型问题）的时候就会失去方向性。

指导师中岛辉雄这样说道：

"经营者必须明确公司的目标，并且尽可能地用数字将其表现出来。比如'摆脱赤字'应该更准确地表达为'将2 000万日元的亏损转变为3 000万日元的盈利'。只有在公司上下拥有明确的目标后，现场的管理者和监督者才能够为了达成目标制定具体的方针政策。"

解决问题的「8个步骤」

[STEP] 0 思考

LECTURE 06

〉〉POINT

依靠经验与直觉，无法从根本上解决问题。按照解决问题的流程进行思考才是最重要的。

解决问题的8个步骤

工作中出现的问题多种多样。

从"资料没来得及整理""桌子没收拾干净"等比较小的问题,到"没能达成目标""经常出现残次品""员工很快就辞职"等大问题都可能出现。

如果是比较小,经常发生的问题,可以根据过去的经验或者直觉来制定对策,彻底解决。因为那些容易出现的小问题,很多时候我们已经知道原因和对策方法。

但是,**对于"比较大的问题",则不能依靠经验与直觉来简单地解决**。那样不但无法从根本上解决问题,还会花费大量的时间,甚至很多时候都没有发现什么才是真正的问题。

丰田在解决"大问题"的时候,会按照一系列的步骤来进行,那就是"解决问题的8个步骤":

① 明确问题
② 把握现状
③ 设定目标

④ 找出真正的原因

⑤ 建立对策计划

⑥ 实施对策

⑦ 确认效果

⑧ 固定成果

根据不同的情况,这8个步骤可能被合并或者分解为7个步骤、9个步骤。但在丰田,基本是以这8个步骤为基础解决问题。

仅凭直觉和经验解决问题,虽然乍看上去这个问题好像解决了,但实际上最关键的部分可能并没有得到真正的解决。

但是,在解决问题的8个步骤中,有许多基于客观数据的理论思考和分析,这可以排除我们的主观经验和直觉造成的误导,使我们更有效地解决问题。

将解决问题的过程"可视化"

按照这8个步骤,可以将解决问题的过程"可视化"。

明确基于客观数据的过程,可以减少我们的直觉和经验所造成的干扰。

OJT-solutions的执行董事海稻良光也说过,"在丰田,如果将解决问题的过程记录总结下来,会得到褒奖"。

"丰田有一种'A3文化',就是在一张A3纸上简洁地将工作内容总结下来。我在丰田工作的时候,特别是被安排到一个新部门的时候,桌子上都有一张事先摆好的A3纸。这意味着,新员工的第一项工作,就是学习用A3纸来解决问题的过程。丰田非常重视按照解决问题8个步骤所进行的思考。"

按照8个步骤进行客观地思考之后,"问题为什么出在这里""如何进行分析才能找出问题的原因""具体应该采取怎样的对策"等思考过程就会变得一目了然,从而防止我们依赖直觉和经验来解决问题。

在丰田的工作现场,每一名工作人员都按照这8个步骤解决每天发生的问题,以及不断地对工作进行改善,取得更好的成果。

从下一章开始,我们将按照8个步骤来学习解决问题的关键。

| PART | 2 |

解决问题的8个步骤

［STEP 1］
明确问题

明确"应有状态"与"现状"的差异。

[STEP]

1

问题的明确化

LECTURE
01

"先决定问题"和"先决定对策"都是错误的

〉〉POINT

不知道"真正的问题"是什么就无法解决问题。从"真正的问题"开始思考对策才是关键。

确定问题的内容需要过程

第一步是明确应该解决的问题内容。步骤①"明确问题"和步骤②"把握现状"都是非常重要的步骤。指导师大鹿辰己这样说道:

"说步骤①与②决定了解决问题的70%也不为过。在实际解决问题时,经常会在这两个步骤上花费70%的时间与精力。尽管这两个步骤如此重要,却经常有人忽略这两个步骤,或者先决定问题,或者先决定对策。这样做无法解决'真正的问题'。"

大鹿在对某公司的营业部门进行指导时,发现对方事先决定问题的内容。社长提出的"提高销售计划的精确度""促进新商品的销售"等问题内容已经固定化,而且早已下达给营业部的负责人。

如果在丰田的话,首先会从"问题是什么"这个切入点开始进行充分的分析,在明确问题之后思考解决办法。

但是,这个公司由于社长的想法过于宽泛,所以在设定问题内容的时候非常困难。像这样不对"什么才是真正的问题"进行分析，而"先决定问题"的做法，很容易错过真正需要解决的问题，最终无法取得任何成果。

设定问题内容的时候，必须有根据。没有根据的问题，实际上很有可能并不是真正的问题。

"先决定对策"也是错误的

大鹿指出"很多公司和个人都采取先决定对策的方法"。

"与先决定问题一样，先决定对策的情况下，也无法顺利地解决问题。解决问题应该根据具体问题采取相应的对策，最终实现问题的解决。如果直接从对策入手，那么采取对策这个行为本身就成了目的，结果导致无法解决真正的问题。"

比如，经常会有因为流行，或者因为其他公司取得了成功等理由，就决定采取"利用SNS来进行市场营销"对策的情况。

在这种情况下，根据对策设定的问题，很有可能并不是真正需要解决的问题，结果解决的只是一些并不重要的问题。

正确的过程应该是"真正的问题"→"困扰的状态"→"决定问题内容"→"对策"。

如果不以"真正的问题"作为解决问题的出发点，那么就无法确定消除"困扰状态"的"问题内容"和"对策"。将"问题内容"和"对策"作为前提来解决问题，只能说是本末倒置。

解决问题时，首先要明确问题，表明根据。先决定问题和先决定对策都是错误的。

[STEP]

① 问题的明确化

LECTURE 02

不要选「想解决」的问题，而要选「应解决」的问题

〉〉POINT

用"数字"来找出"应解决"的问题。数字的异常是出现问题的铁证。

要"数字"不要"想当然"

"只做想做的事,那是儿童的游戏。解决必须要面对的问题,才是大人的工作。"指导师谷胜美在描述应该如何解决问题时这样说道。

前文中提到,在进行未来指向型思考时,关键在于明确"自己想做什么",但在选择应该解决的问题内容时,却不能选择"想解决"的问题,而要选择"应解决"的问题。

谷在对某公司进行指导时,有过这样的经历。

她首先将该公司的员工分为几个小组让他们自己思考公司出现的问题,而好几个小组都选择了"贯彻执行5S"这个问题内容。

所谓5S,指的就是"整理、整顿、清扫、清洁、教养"(这些日文的开头字母都是S),通过贯彻5S的行为规范来提高公司的生产效率。

实际上,该公司之前就有5S的规定,甚至每天专门拿出10分钟时间让员工来进行整理和打扫。如果是一个没有5S规定的公司,这或许能称得上是问题内容,但对该公司来说这是不是真正的问题则有待商榷。

那么，为什么好几个小组都选择了"贯彻执行5S"这个问题内容呢？

原来是由于该社的社长曾经说过的一句话。社长偶然在办公室内捡到了一个垃圾，然后自言自语地说"地上明明有垃圾，却都装作没看见的样子，真是令人遗憾"。许多员工对这件事都有很深刻的印象，因此才将5S作为问题提了出来。

故对此做出了这样的分析。

"选择5S作为问题内容的小组，都是受社长那句话的影响。他们认为'公司作为一个组织，地位最高的社长的意见必然会得到下属的尊重，因此选择5S作为问题内容肯定是正确的'。也就是说，他们并没有选择真正应该解决的问题。"

"数字"不能依靠别人

从经营的视角来看，解决问题的目的就是解决那些拖后腿的问题，因为这些问题的重要度和紧急度都很高，造成的麻烦也更大，而不是做自己想做的事。

在选择"应解决"的问题时，不能"想当然"而应该基于"数字"等数据来选择问题。

比如投诉数量、残次品率、工作时间、销售额、利润率等"数字"出现异常的时候，就说明出现了问题，而且是必须解决的问题。但"想当然"是没有数字的世界，这里并没有应解决的问题。

指导师近江卓雄这样说道，"只有在能够意识到数据和数字的环境中，才能发现真正应该解决的问题"。

"某工厂的工作人员认为'管理数据是总公司的事'。虽然数据都是从工作现场取得的，但对数据的统计和分析都交给总公司的员工去做。很多公司都这样，但总公司统计的数据只是一个'结果数字'而已，一般情况下都是一个月统计一次。而实际上，在工作现场的人如果时刻掌握生产数据的情况，就能够第一时间发现那些应该解决的问题。"

仅仅凭借"最近运转率不好""投诉好像变多了"等直观的感觉，无法认识到问题的严重性。

"运转率下降了8%""投诉量比去年增加了20%"，有了明确的数字之后，才能提高对问题严重性的认识。

指导师山口悦次也说,"明确数字之后,会使人产生危机感,采取措施解决问题"。

山口进行指导的公司,将"建立海啸发生时零部件采购的应急体制"作为问题的内容。由于海啸是现在并没有出现的问题,所以应该算是解决未来指向型问题。

问题解决小组在海啸灾害影响图上,将该公司产品的主要零部件供应商都画了出来。结果发现了一个令人震惊的事实,"如果所有供应商都遭受海啸袭击,那么该公司90%以上的商品都将无法生产"。

在看到"90%以上的商品都无法生产"这个数字之后,该公司肯定会及时地采取办法来解决这个问题。

另外,在解决问题时,相关的执行人员必须认识到问题的重要性,才能将整个过程持续下去。

如果解决问题的理由只是"想解决",那么很难让所有人都信服。**但如果将问题用"数据"表示出来,那么所有人都会认识到这个问题"必须解决"**。要想提高成员的工作积极性,"数据"比"想当然"更有效。

[STEP]

① 问题的明确化

LECTURE 03

发现问题的7个视点

〉〉POINT

解决问题的第一步,是正确地认识问题。发现问题的技巧之一就是"作比较"。

"生了5只小猫"是问题吗?

要想解决问题,首先要找出问题是什么。

比如部下对你说"生了5只小猫"。

但只听这一句话,还不知道问题是什么。

如果是部下家里养的猫生了5只小猫,那这并不是问题,反而是应该恭喜的事。

如果实际情况是"母猫在工厂里生了5只小猫"又如何呢?这说明工厂里有猫出没,如果对生产环节造成影响的话就是大问题了。

虽然这只是一个极端的例子,但在实际工作中,经常会出现只看到"生了5只小猫",而忽视了"在工厂里"这个重要信息的情况。这样的话,就算出现了问题也无法被发现。

那么,应该怎么做才能够发现问题呢?

丰田通过以下7个视点来发现问题。

发现问题的7个视点

①令人感到苦恼和困扰的事

将自己感到苦恼和困扰的事写下来。

丰田有一个被称为"问题发现表"的工具,员工们只要是发现了苦恼和困扰,就会写在上面。

"被投诉的商品太多""没有共享客户信息""没能进行整理整顿""加班太多"等等,大到公司整体,小到员工个人,只要想到的问题都尽可能地写在上面。

"问题发现表"的例子

	困扰的事	评价
	问题发现表	
1	本公司的主页很难发现	
2	被投诉的商品太多	○
3	会议太多	
4	复印纸经常用光	
5	空调太冷	
6	办公室没进行整理整顿	
7	没有共享客户信息	○
8	经费相关资料的记录错误太多	
9	加班太多	○
10	有员工不打招呼	

解决多数人关注的问题

当不知道应该从什么切入点开始思考的时候，制造业经常使用"4M"的视点来进行思考和整理。

·人（Man）——是否具有完成工作的能力和技能。人手是否充足。

·机械（Machine）——机械设备是否存在问题。电脑和打印机是否存在问题。有没有不方便使用的地方。

·材料（Material）——原料的采购有没有问题。收集的情报是否可靠。

·方法（Method）——是否存在其他更高效的方法。这种方法执行起来是否困难。

像这样将各项内容都列举出来之后，由成员投票表决应该优先解决的重要问题。

当然，自己单独进行思考列举可能出现的烦恼和困扰也能够发现问题，但由全体成员共同参与，可以通过不同的角度对问题进行分析，也会有更多的发现。

②与整体情况进行比较

将公司整体的情况与自己正在进行的工作进行比较，更容易发现问题。

比如说，公司的年销售额与前年相比增加了10%，而自己的业绩只比去年增加了3%。在这种情况下，如果不采取措施，那么自己就无法给公司的销售额提高做出贡献，这就必须意识到有问题。

③对下一道工序造成影响

在工厂的话，如果下一道工序的工作人员对你提出了投诉，那么你的工作就明显存在问题。在办公室也一样，资料提交晚了，资料不齐全，遭到上司的训斥，都必须意识到出了问题。

另外，服务行业如果遭到客户的投诉，必须认识到这是非常重大的问题。

④与基准进行比较

"基准"是判断正常与否的依据，与"标准"的不同之处在于"基准"能够数值化。对于制造业来说，如果与正常的规格和样式出现偏差，那么就必须意识到问题。

⑤与标准进行比较

"标准"指的是当前最佳的方法和条件。与"基准"不同，"标准"难以数值化。如果无法达到职场规定的各项作业的方法和条件，那么就很有可能出现问题。

比如，"企划书的完成度""营业负责人推销的过程"等，各公司和部门都有相应的"标准"。通过与"标准"进行比较，就可以发现自己存在的问题。

⑥与过去进行比较

与过去的数值和状态进行比较，确认是否出现恶化。

比如去年的残次品率为3%，今年却上升为5%，那么这里就有问题。另外，资料提交的时间比过去更长的话，也应该意识到问题。

⑦与其他部门进行比较

与公司其他部门的数值和状态进行比较。

比如经费统计资料中出现的错误比其他部门多，那么自己部门的工作方法很有可能存在问题。

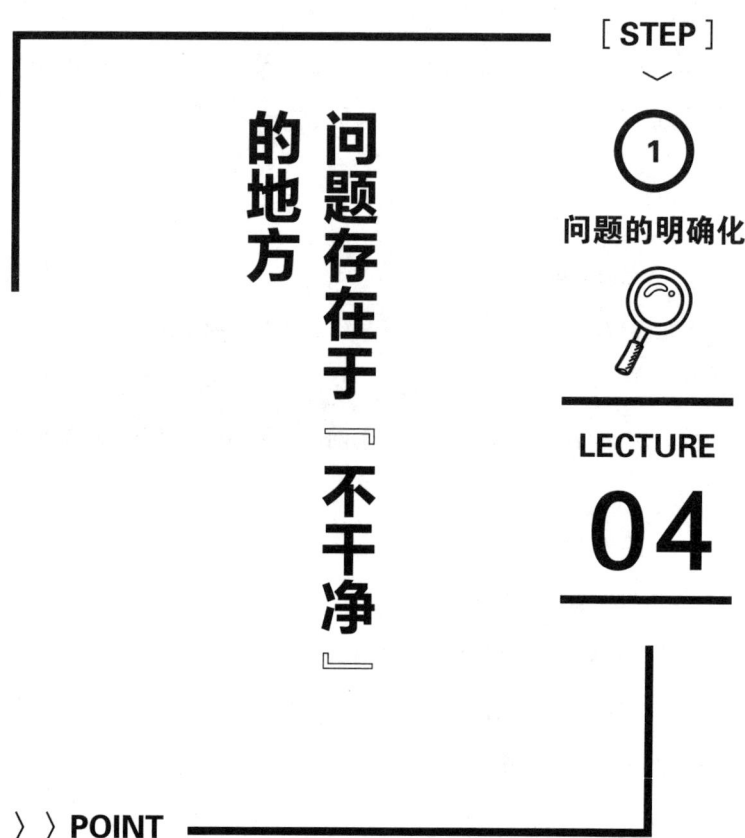

问题存在于「不干净」的地方

[STEP]

① 问题的明确化

LECTURE 04

>> POINT

在办公室工作中,只要仔细观察就能发现"问题"。要特别注意那些没能及时整理整顿的地方。

站在顾客的立场上思考

在办公室工作的人,几乎都没有统计数字和数据的习惯,所以比在生产现场工作的人更难以发现问题。但是,在办公室的工作环境中,也有几个让人更容易发现问题的方法。

下面就为大家介绍5种方法。

第一个是站在顾客的立场上思考。

如果你站在购买商品或者接受服务的顾客的立场上,那么很容易发现商品和服务的缺点。

也可以回忆自己购买商品或者接受服务时遇到过的不愉快,然后思考自己是否也做了同样让顾客感到不愉快的事。

最明显的例子就是顾客的投诉。

如果对投诉采取"敷衍了事"的态度,那么同样的问题肯定会再次出现。所以要认真对待投诉,这样才更容易找出优先度最高的问题。

找出"不干净"的地方

第二个是注意"不干净"的地方。

指导师山口悦次指出,"问题就潜藏在不干净的地方"。

"家里的电冰箱就是个最好的例子。里面乱七八糟,酱油之类的调味料洒漏出来,过期食品没有及时清理。不知道冷藏室里面放了什么东西,还经常买一些没必要的食材。

"工厂的设备也是一样。如果机械上面有油污,可能是出现了漏油的情况。如果资材的边角料不及时清理,那么这些碎屑可能会掉进机器的缝隙中造成故障。"

办公室的桌子上堆积的书籍和资料也是一样,堆积如山的书籍就是堆积如山的问题。

特别是落满灰尘的地方,很明显有一段时间没收拾过了。工作没有及时处理的话,会对后面的工作造成影响,引发严重的问题。

山口认为"从一个人对资料的处理方法,就能看出这个人的工作方式有没有问题"。

"我前往某公司的事务所时,发现他们的设计图都很随意地到处乱放,而且,图纸不但有折痕,甚至上面还有污渍。设计图可以说是工作的基础,是非常重要的'宝物'。举个极端点的例子,如果图面有污渍的话,或许会误将数字'8'看成'3',有可能引发严重的问题。"

不只书籍,电脑的里面也一样。许久不用的文件却仍然保留,文件没有整理到文件夹里,文件杂乱无章无法一下子找出有用的情报,这些情况都潜藏着问题。

注意繁忙的人和场所

第三个是注意人、物、情报的活动。

繁忙的人所在的地方,经常潜藏着问题。

在丰田,技术高超的工作人员,总是给人一种游刃有余的感觉。因为他们的工作没有多余的动作,虽然看起来并不快,但效率却非常高。

另一方面,那些满头大汗忙得团团转的人,往往技术水平有限。焦急、忙碌的地方肯定存在着负面的原因。也可以说是潜藏着问题的征兆。来去匆匆的人、经常加班的人、肯定有迫使他们这样做的"问题"。

环视你的办公室,肯定有一天忙到晚没时间休息的人。电话一个接一个不停的人,乍看上去好像工作很努力,但实际上其中肯定潜藏有迫使他不停打电话的问题(工作安排有问题、情报传达有问题等等)。

观察成果

第四个是观察成果。

工作的成果不令人满意,或者没有达到预期效果的时候,工作的过程可能潜藏着问题。

比如"没能达到销售指标"的情况下,"收集顾客名单""约定见面""进行商谈""售后服务"等一系列销售过程中可能存在问题。

如果自己的工作中出现"不顺利的情况",那么就应该确认工作的过程。

因为其中可能就潜藏着发现问题的关键。

"我前往某公司的事务所时,发现他们的设计图都很随意地到处乱放,而且,图纸不但有折痕,甚至上面还有污渍。设计图可以说是工作的基础,是非常重要的'宝物'。举个极端点的例子,如果图面有污渍的话,或许会误将数字'8'看成'3',有可能引发严重的问题。"

不只书籍,电脑的里面也一样。许久不用的文件却仍然保留,文件没有整理到文件夹里,文件杂乱无章无法一下子找出有用的情报,这些情况都潜藏着问题。

注意繁忙的人和场所

第三个是注意人、物、情报的活动。

繁忙的人所在的地方,经常潜藏着问题。

在丰田,技术高超的工作人员,总是给人一种游刃有余的感觉。因为他们的工作没有多余的动作,虽然看起来并不快,但效率却非常高。

另一方面,那些满头大汗忙得团团转的人,往往技术水平有限。焦急、忙碌的地方肯定存在着负面的原因。也可以说是潜藏着问题的征兆。来去匆匆的人、经常加班的人、肯定有迫使他们这样做的"问题"。

环视你的办公室,肯定有一天忙到晚没时间休息的人。电话一个接一个不停的人,乍看上去好像工作很努力,但实际上其中肯定潜藏有迫使他不停打电话的问题(工作安排有问题、情报传达有问题等等)。

观察成果

第四个是观察成果。

工作的成果不令人满意,或者没有达到预期效果的时候,工作的过程可能潜藏着问题。

比如"没能达到销售指标"的情况下,"收集顾客名单""约定见面""进行商谈""售后服务"等一系列销售过程中可能存在问题。

如果自己的工作中出现"不顺利的情况",那么就应该确认工作的过程。

因为其中可能就潜藏着发现问题的关键。

将自己的工作"可视化"

最后的第五点，是将自己的工作"可视化"。

指导师加藤由昭认为"**工作的可视化，是将自己的工作拍摄下来，然后客观地进行观察**"。

加藤对某家医院进行指导时，提议让医院的工作人员将自己工作时候的样子拍摄下来。

当医生和护士们观看自己工作的录像时，发现了之前没有注意到的问题，比如"护士的行动没有规律，每个人的行动都很分散""护士与看护助理之间的职责分担不明确"。

后来，这家医院的负责人专门制作了护士与看护助理的工作手册，使相关人员的工作标准化，明确护士与看护助理的工作职责。

采取了这样的对策之后，护士的工作效率得到大幅提高，平均每天的检查数量提高了10%，而分外工作则减少了50%。

另外，**其他部门的人或者外人更容易发现问题**。也就是利用他人的视点来将自己的工作"可视化"。

当你熟悉了日常的业务之后，就会对自己的工作产生一种惯性，就算出现了问题也难以发现。

但是新人或者从其他部门调过来的人，却会提出"为什么要用这么麻烦的方法""这项工作有什么意义"之类的问题。所以，想找出各部门的问题时，可以启动一个由多个部门合作的项目，这也是方法之一。

这里介绍的5个方法，只是为了帮助我们提高问题意识。或许其中并不包括真正需要优先解决的问题，但很有可能潜藏着问题的隐患。

[STEP]

① 问题的明确化

LECTURE 05

聚焦问题的3个视点

〉〉 POINT

问题不只一个，必定有多个。选择问题内容的时候，要通过"重要度、紧急度、扩大趋势"来决定。

用"重要度、紧急度、扩大趋势"来分析问题

职场中发生的问题不只一个,很有可能同时出现许多问题,或者有问题隐藏着。

对于这样的问题绝对不能置之不理。发现的所有问题都要得到解决是工作的基本原则。但是,要想一下子解决所有的问题,需要消耗大量的时间和精力,并不现实。

所以,我们需要将问题按照顺序逐一解决。

当然,在实际工作中也有必须同时解决多个问题的情况,但基本上还是应该集中解决重点问题,否则容易分散力量,导致半途而废。

决定应该优先解决的问题的指标多种多样,丰田是按照以下3个视点来进行分析的。

①重要度
②紧急度
③扩大趋势

①重要度就是"问题影响的范围以及大小"。

从"影响的范围"上来说，如果仅限于职场内部的话还可以忍受，但如果由于商品质量和服务的降低而影响到顾客的话，那么"重要度"就一下子变得很高。

从"影响的大小"上来说，品质差、原价上涨、没能及时交货等问题，会损害公司的信誉，影响公司的经营，造成的影响很大，是应该立即处理的问题。

②紧急度就是"如果不立即处理，会造成怎样的影响"。

以我们身边的例子来说，假设目标是"1年内存款120万日元"，但9个月之后只存了60万日元，那么按照当前的节奏无法在规定时间内达到目标。必须立即采取削减伙食费、增加工作时间等对策。这种情况下，可以说紧急度就比较高。

对于职场来说，如果置之不理可能导致无法达成目标，无法应对生产变动，顾客投诉等问题的话，就是"紧急度较高"。

③扩大趋势就是"置之不理的话，问题会扩大到什么程度"。

比如说，如果对顾客的投诉置之不理，那么其他部门可能也会接到同样的投诉，那么这就是必须立刻解决的问题。

用3种以上的视点来分析问题

当存在多个问题的时候，可以用①重要度、②紧急度、③扩大趋势这3个视点来进行判断。

比如出现"客户投诉"和"办公室内空调有时候特别冷"这两个问题的时候，当然前者的①重要度和②紧急度都很高，所以应该优先解决前者。

要想更加客观地分析问题的时候，可以将①重要度、②紧急度、③扩大趋势的后面各自加上"◎（高）""○（中）""△（低）"等记号来进行分析，"◎"越多的项目越优先（参考下图）。

3个视点对问题进行分析（例）

问题内容	①重要度	②紧急度	③扩大趋势	优先顺序
1.投诉多	◎	◎	◎	1
2.没有共享顾客信息	○	△	◎	3
3.加班多	◎	○	○	2

【①重要度】问题影响的范围以及大小

【②紧急度】如果不立即处理，会造成怎样的影响

【③扩大趋势】置之不理的话，问题会扩大到什么程度

这里的关键在于，**用3个以上的多个视点来进行判断**。指导师大岛弘用这样一个比喻来说明这一方法的重要性。

"在男女恋爱时，如果说'我喜欢你的一切'，对方不会有什么感觉。但如果说'我喜欢你性格温柔又会做饭'，明确地传达出自己喜欢对方什么地方，说服力就完全不一样了。与此相同，用多个视点来对问题进行分析，就可以判断出这个问题的严重程度。"

另外，**指标不仅限于①重要度、②紧急度、③扩大趋势**。根据不同的情况，除了上述三种之外还可以包括"可行性"（现实中是否可能实现的视点）等其他的指标，或者根据自己的工作和职场重视的项目，自己定义合适的指标。

用「数据」来表示问题

[STEP]

① 问题的明确化

LECTURE 06

>> POINT

选择问题内容的时候，必须明确选择的理由。而"数据"就是最有利的根据。

明确选择问题内容的理由

选择问题内容的时候,必须明确选择的理由。

如果理由不明确,那么就无法认识到问题的重要性,对问题难以产生危机感。

丰田在选择问题内容的时候,会检查3个关键点。

第一个是,**是否明确说明"为什么提出这个问题内容"**。

第二个是,**从"重要度、紧急度、扩大趋势"的视点来列举理由**。当然,根据问题的大小和业种的不同,或许无法从全部3个视点来进行列举,但应该尽可能多地列举出必须解决这个问题的根据。

第三个是,**提出重要度、紧急度、扩大趋势的相关数据**。

比如说针对"减少被投诉数量"的问题内容,应该提供"各工厂最差的数据"(重要度)、"这样下去无法达成目标"(紧急度)、"很有可能继续恶化"(扩大趋势)等现实数据来加以证明(参考下图)。

用数据表示选择问题的理由

【问题内容】
减少被投诉数量

重要度

全公司最严重的问题

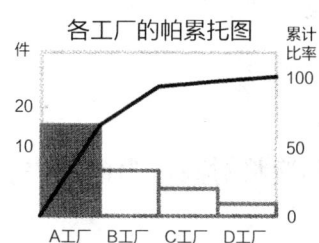

紧急度

无法达成目标

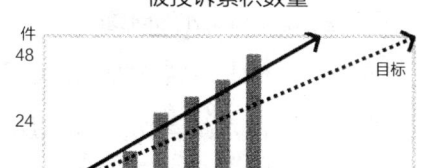

扩大趋势

更加恶化

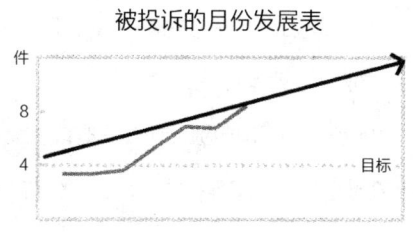

制造业普遍将生产过程数据化,所以具体操作起来相对简单一些,但对于办公室工作来说,数据化的材料相对较少。

不过,尽可能定量化可以使问题更加明确,也可以使大家都认识到问题的严重性。比如说以"减少加班时间"作为问题的内容,那么就有必要收集一定时间内,或者各个部门的加班时间数据来作为参考。

不能将对策作为问题内容

在选择问题内容时有一个必须注意的地方。

那就是不能将对策作为问题内容。

假设问题内容是"商品的曝光率太低"。

在选择问题的同时思考解决方法的人,很容易立刻联想到"增加广告数量提高商品的曝光率"这个对策。

但如果这时就决定对策,那么就难以再想到其他的解决办法。而事实上要想增加商品的曝光率,除了广告之外,还有网络营销和店头促销活动等许多方法。

真正的原因和相应的对策,应该在后面的步骤中进行仔细的分析,在步骤①(明确问题)的阶段,应该将注意力集中在明确问题内容上。

已经明确问题时怎么办？

在实际工作中，也有已经明确问题的情况。

比如"由于机械故障出现残次品""这样下去无法达成上司下达的比去年销售额增加5%的目标"等情况，这就是已经出现在眼前的问题内容。

指导师大岛弘说"这种情况下，可以略过步骤①的一部分"。

"特别是一个人解决问题的时候，如果问题已经出现，也就是发生型问题的情况下，可以省略步骤①中'发现问题'的项目。但是，在这种情况下，也应该明确为什么在许多问题中选择这个问题内容。而在解决设定型问题的过程中，自己设定新的'应有状态'时，必须从明确问题开始。另外，许多人一起解决问题的时候，出于共享情报的考虑，最好不要省略步骤①。"

综上所述，应该根据问题的种类和紧急度、一个人解决还是许多人一起解决等具体状况，考虑是否进行步骤①。

[STEP] 1 问题的明确化

LECTURE 07

最初可以「设想」

>> POINT

解决问题的新手往往连"问题是什么"都搞不清楚。对于这样的人来说,首先应该习惯思考。

动动脑子就能发现问题

刚开始解决问题的人,可能对选择问题内容都感到非常困难。

但是,所有人都是在不断的失败中总结经验,并且逐渐掌握方法的。

指导师大岛弘这样说道:

"在丰田,新员工入职后会花很长时间向前辈和上司学习解决问题的方法,但我负责指导的这家公司的员工,却几乎都没有解决过任何问题。我教他们丰田常用的在A3大小的问题解决表上做记录的方法,但这些员工拿起笔完全不知道应该写什么。虽然道理他们都明白,但却不知道应该如何思考,如何表达出来。

所以,我只好降低标准,如果有老员工写好问题解决表的话,就让其他员工照着写下来。如果连老员工也写不出来的话,就'设想'一下可能出现的问题,总之把问题解决表写满。"

当然,"设想"是无法解决问题的,但要想成为一个能够解决问题的人,首先要学会自己进行思考。

只有开始自己动脑,才能发现问题。

如果感觉难以做到,可以一边做笔记一边进行思考,用自己的头脑进行思考,是成为解决问题高手的第一步。

如何"提高保龄球的分数?"

不擅长解决问题的人,可以先从工作以外的个人生活领域的问题开始进行训练。丰田虽然对新员工就进行解决问题的培训,但由于新员工并不熟悉工作内容,所以都是选择工作以外的内容来进行练习的。

指导师谷胜美在丰田工作时就有这样一名部下:

"某个新员工就是以'提高保龄球分数'作为内容来学习解决问题的基本方法。他以丰田的'三现主义'(现场、现物、现实)为基础,通过频繁前往保龄球场,培养自己解决问题的兴趣。为了使自己习惯解决问题的方法,像这样以身边的问题为内容也是方法之一。"

除此之外，还可以用"如何找对象""如何做好吃的咖喱饭"等自己感兴趣的内容，来作为自己学习解决问题方法的第一步。

错的不是人，是组织结构

如果经营者和上司想提高下属员工解决问题的能力，就应该创建一个能够让他们自己动脑思考的环境。

指导师近江卓雄认为"在与下属交流时必须清楚地认识到，'人都是会隐藏缺点的'"。

"每个人都有隐藏缺点，不愿意找麻烦的心态。我年轻的时候也有过出现残次品不向上司汇报，质检表看都不看就盖章的事情。这是人的本质。所以，在与部下交流的时候，必须时刻牢记这个前提。"

当你解决问题的时候，必然会遇到那些不愿直面的问题。这时候，如果你对部下大吼大叫"为什么会变成这样""你之前都干什么去了"，可能会使部下感到畏缩，反而更容易将问题瞒而不报。这样的话很难培养部下解决问题的能力。

所以说,错的不是人,而是组织结构,找出导致问题发生的关键,和部下一起解决问题,这才是最重要的。

[STEP 2]
把握现状

如果问题很大又处于不明确的状态，
需要将具体的问题分解以便进行分析。

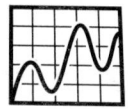

[STEP]

2

现状把握

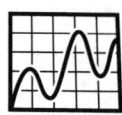

LECTURE

01

将问题分解

〉〉POINT

要想确定应该解决的"攻击对象",需要把握问题的现状,发现数据的"偏差"。

确定"攻击对象"

发现问题后,就需要将问题分解。

绝大多数的问题,都是由许许多多的小问题复杂地组合而成的,所以总体上处于一个不明确的状态。

比如只看"减少投诉数量"这个问题内容,我们并不知道什么才是最重要的问题,也不知道应该从什么地方着手进行处理。

另外,如果问题很大的话,从个人的角度来说,并不知道自己具体应该做什么。

所以我们需要将大问题分解,将其整理成自己能够处理的具体问题。把大问题分解成多个小问题,然后找出应该优先处理的问题。

也就是说,确定应该具体解决的"攻击对象"。

这里必须要注意的是,不要在决定"攻击对象"之前决定对策。

指导师谷胜美这样说道:

"越是经验丰富的老员工和优秀的人才,越容易按照自己的想法采取对策。在他们的经验中'这种问题只要用这种方法就可以'的想法根深蒂固,而且也确实取得过成果。如果确实解决了问题那自然最好,但如果过于依赖自己的经验,很可能并没有解决最关键的问题,而采取了不相关的对策。"

用数据来把握问题的现状

要想发现"攻击对象",应该按照如下的步骤进行。

①明确问题的现状
②发现偏差

首先是明确问题的现状。

思考一下"减少投诉数量"这个问题内容。

要想正确地将问题分解,必须用数字定量地把握事实。

如果以一个模糊不清的状态开始,那么就无法找出真正的问题,结果只能提出模棱两可的解决方法。

如果在步骤①"明确问题"的阶段,就已经通过"重要度、紧急度、扩大趋势"3个视点用数据将选择这个问题的原因表示出来的话,就可以利用该数据来把握问题的现状。

参考第73页，根据"各工厂最差的数据"（重要度）、"这样下去无法达成目标"（紧急度）、"很有可能继续恶化"（扩大趋势）这3个现状数据，确定"减少投诉数量"这一问题内容。

将问题按层次分解，使问题具体化

把握了问题现状的数据之后，接下来就是找出数据中的"偏差"。

这里可以利用"层别法"。

所谓层别法，是丰田QC小组经常使用的一种分析方法。

顺带一提，QC小组是自主进行改善活动的团体，由4~5名成员构成。

小组全员决定职场改善的内容，并且解决相应的问题。对于入职10年以下的年轻普通员工来说，QC小组是学习解决问题8个步骤的最佳场所。

"层别法"的目的在于从多方面分析数据。比如，将数据按照个人别、年龄别、场所别、商品别、机种别等共同点来分类。经过分层之后，原本杂乱无章的数据就会浮现出明显的特征。

比如将"出现投诉工厂别中最严重的问题"（重要度）这一数据进行分层。

按照"出现部门别"→"品名别"→"残次品种类别"的顺序依次分层，用帕累托图展开，将出现投诉的数量从大到小排列，结果如第87页的图所示。

帕累托图是QC小组所用的"7种工具"之一，由数值从大到小降序排列的立柱和表示数值累计构成比的折线组成。

在"发生部门别"中，18件投诉中的10件都出现在"制造部门"。也就是说，在发生部门别中有许多数据"偏差"，但60%左右集中在制造部门，与其他部门相比拥有压倒性的发生率。

这就是"发现数据偏差"。

接下来将制造部门发生的投诉品按照"品名别"进行分层，发现10件中的6件发生在产品A上。

最后将产品A发生的投诉品按照"残次品种类别"进行分层，发现其中的4件是"贴错商标"。

也就是说，通过分层法明确问题，发现"贴错商标"是应该最优先解决的问题。

将问题"分层"

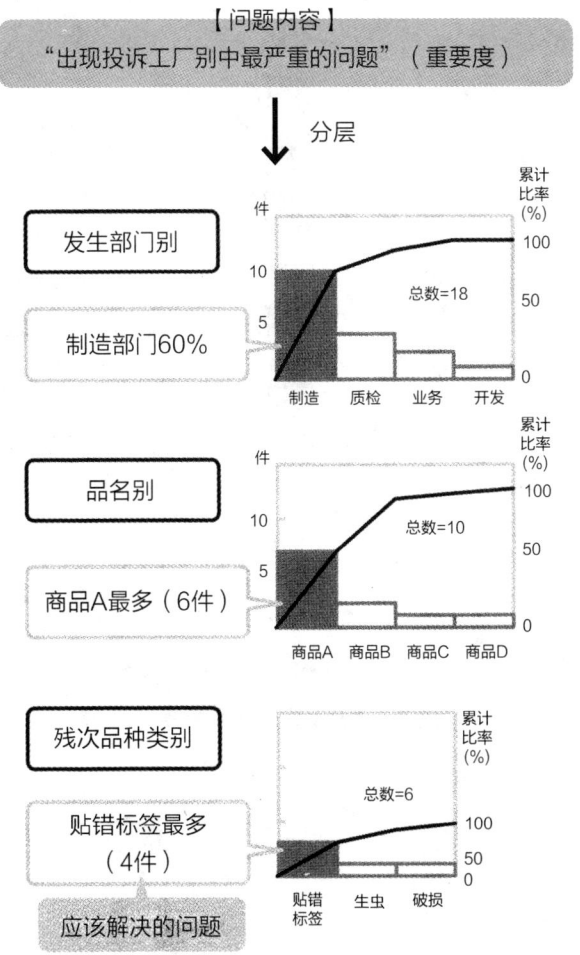

[STEP]

② 现状把握

LECTURE 02

寻找数据的「偏差」

>> POINT

数据上有"偏差"的地方潜藏着问题。关键在于从多个角度对数据进行分析。

层别偏差有明显的也有不明显的

将数据分层后的关键，在于找出数据的偏差。

所谓"偏差"，指的是当存在许多种因素时，其中所占比率最高的一种。

比如前文中所举的例子，在"发生部门别"这一层别的许多发生部门中，制造部门的残次品出现数据上存在明显的"偏差"。这一偏差表明，问题可能就出在这里。

相反，如果在"发生部门别"这一层别中，制造部门、质检部门、业务部门出现问题的数据相差无几，那么就难以发现问题出在哪里。

由此可见层别偏差有明显的也有不明显的。

对于不熟悉层别法的人来说，或许总也找不到偏差明显的层别。

这种情况下，可以更换多个角度来进行尝试。

首先从你认为可能存在问题的地方来进行分层。如果没有明显的偏差，那就换另外一个地方重新分层。

比如对公寓销售情况进行分层时，首先从"价格带别"来进行分层，但并没有发现明显的偏差。那么接下来可以从"购买者年龄别"和"地区别"来重新分层。

重复这一过程，你就会找到偏差明显的层别，从而将问题具体化。

用4个"W"来分层

分层的切入点多种多样，当不知道应该从何入手时，可以使用"4W"的方法，也就是"何事（What）""何地（Where）""何时（When）""何人（Who）"。

比如对没有达成公寓销售目标的问题进行分层，可以从如下几点来考虑：

·何事（What）：房间类型别

·何地（Where）：地区别、销售店别、销售方式别（店头还是访问）

·何时（When）：月份别、周别、平日还是休息日

・何人（Who）：年龄别、本公司顾客还是其他公司顾客

对各种层别进行分析后，你就会发现"这个问题，在这个层别上比较奇怪"。

没有数据的话就从提取数据开始

在步骤②"把握现状"之中，以数据为基础进行思考是非常重要的。没有数据的话就无法用层别法进行分析来找出问题。

指导师大岛弘指出"其实有很多公司平时并没有提取数据的习惯"。

"就连很多制造业工厂，也没有平时提取数据的习惯。以'太麻烦'为理由不对数据进行管理的公司，很难发现存在的问题。当工作出现问题时，他们只是针对性地解决问题就草草了事。但由于没有从根本上解决，所以问题还会再次出现。像这样的公司，首先应该从提取数据开始。"

比如由于某原因出现投诉的情况，如果只采取"对顾客赔礼道

歉，将商品进行更换"的针对性解决方法，那么还会再次出现同样的投诉。

这时如果有数据管理的话，就很容易发现"同一个部门1个月内出现了5次投诉，这是非常严重的问题"。

反之如果没有记录投诉数据，那么只能意识到"偶尔运气不好""有点投诉也很正常"。

由于没有数据就无法进行分层，导致难以找出问题所在。

[STEP]

② 现状把握

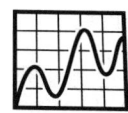

LECTURE
03

用「三现主义」找出问题点

〉〉POINT

问题一定在现场发生。根据"现场、现物、现实"的"三现主义"观点,去现场就能够发现问题。

通过"现场、现物、现实"找出问题点

当发现问题的现状,准备找出偏差的时候,有一点需要特别注意。

那就是"通过'三现主义'找出问题点"。

"现场、现物、现实"是丰田非常重视的思考方法,因为"看见现场才能看到真实"。丰田在解决问题把握现状时,一定会贯彻"三现主义"。

问题不是一下子出现的,肯定存在一个从无到有的过程。根据"三现主义"采取以下的步骤,就可以找出问题出现的过程:

- ·收集客观的数据找出偏差
- ·亲自去现场确认情况
- ·自己尝试进行体验
- ·向顾客、销售店、相关部门进行询问

通过亲自确认这些实际发生的情况,可以发现问题究竟出在什么地方。

在办公室实践"三现主义"

工厂由于工作过程十分清晰,收集数据非常容易,所以贯彻"三现主义"可以很容易地找出问题。

但在办公室工作中,由于工作过程比较模糊,定量数据也难以把握。

所以与工厂相比,更难以找出问题点。

不过所有工作都有过程。

只要有成果,就有成果诞生的过程。

通过详细地写出自己每天的工作流程,就可以找出问题所在。

比如针对"企划书的采用率低"这一问题内容,可以写出完成企划书之间的工作过程:

· 作业①:决定企划内容

　　↓

· 作业②:收集情报

　　↓

· 作业③:分析市场

↓

・作业④：总结企划书

　　↓

・作业⑤：向客户提交企划书

　　将自己的工作过程分解之后，就可以找出问题究竟出在哪里。

　　是企划内容本身有问题，还是企划书的幻灯片制作得不好，或者在提交企划书时的表达方法不对——针对过程逐一进行分析，很容易找出问题。

　　当发现问题的大致方向时，可以向上司寻求建议，观察竞争对手的动向，确认顾客的需求，一边用"三现主义"分析事实，一边准确地找出问题。

　　采取这种方法时的关键在于，一定要写出具体的工作内容。比如"进行营业活动"这种过程就太笼统了。

　　像"建立顾客名单""约定见面时间""写计划书""售后服务"这样尽可能地将工作过程具体化，更容易发现自己什么地方做得不好，什么地方还需要改进。

　　观察自己的工作现场，在确定问题时非常重要。

从工作的过程发现问题

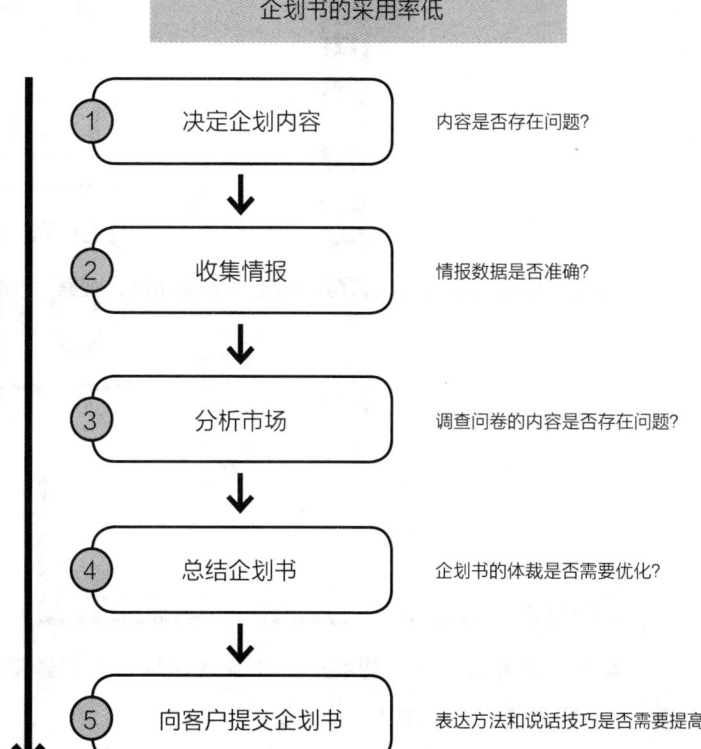

[STEP]

② 现状把握

LECTURE 04

解决问题时切忌急躁

〉〉POINT

面对比较大的问题，想要一下子解决的话很容易遭受挫折。从小问题开始解决才是成功的秘诀。

大问题要从小问题开始解决

解决问题不能急于求成,大问题要从小问题开始解决。

比如"提高产品质量"这个问题内容,提高品质的所有方法都是问题对象,那么应该从什么地方入手呢?在这种情况下,可以从"消灭包装破损""消灭外壳凹陷"等小问题入手来实施对策。

对销售来说,就算设定了"提高销售计划准确度"的问题内容,但在没有准确把握销售数据的情况下,无法解决提高销售计划准确度这个问题。所以首先应该从"没有把握现状的销售数据"这个问题内容开始解决。

虽然大问题必须要解决,但要想一下子解决大问题,很容易因为要做的事情太多无法及时完成而产生挫折感。

如果将大问题分成A、B、C、D这样4个小问题,可以通过紧急度和重要度的分析将问题限定在A和B上,甚至只需要解决A。或者在解决了A之后,再解决B、C、D也不迟。

对于无法立刻解决的大问题,可以采取每次解决一部分,逐步解决的方法。

面对必须解决的问题,以"花费时间太多"为借口对其置之不理,这是绝对不行的。

先剪"小枝"再砍"树干"

指导师山口悦次也提倡先从小问题开始解决的方法。

"将大问题分解后,问题会越变越小,很多人喜欢从位于中间的问题开始解决。但中间问题可能超出个人的职责范围,而且需要花费更多的时间和精力,最终使人产生挫折感。

"我认为大问题、中问题和小问题是相连的。问题的构成本身没有变化。也就是说,即便从小问题开始入手,只要能够顺利地解决问题,那么终究会与中问题和大问题联系起来。"

小问题与大问题相连

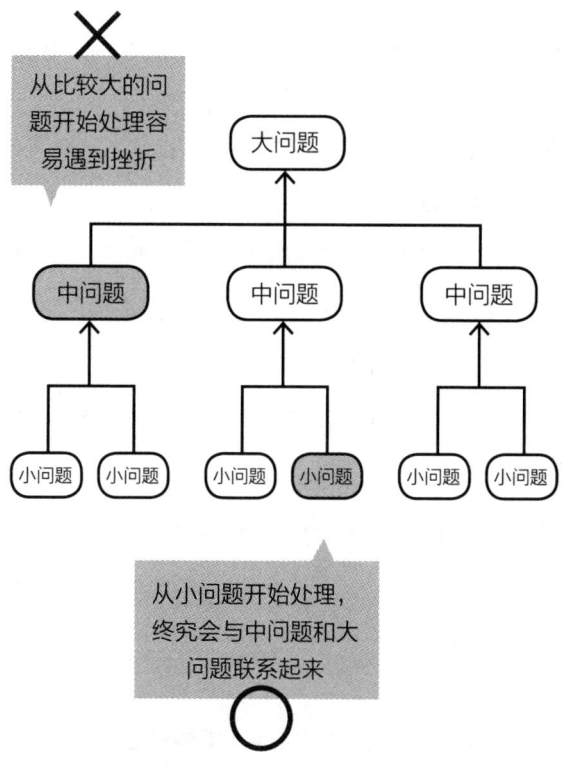

山口负责指导的公司在"修补工作"上存在问题。所谓"修补工作",就是对上色有缺损或者有伤痕的商品进行修补的工作。由于这项工作消耗大量的时间,所以被看做是有待解决的问题。

要想解决这个问题最直接的办法就是取消这项工作,但由于涉及其他工作内容,所以实施起来并不简单。

急性子的人,肯定会直接从"取消修补工作"这个问题入手,结果只能以失败告终。

于是该公司的工人们决定将着眼点放在小问题上,那就是进行修补时所用的工具。一直以来所使用的工具要进行2~3次的上色,而更换工具后只要一次就可以完成上色修补的工作。

也就是说,他们没有"取消修补工作",而是选择了缩短修补工作时间的方法。

后来他们又着手解决涂料的问题。涂料与硬化剂必须混合使用,但如果混合比例不对,就无法一次完成修补。于是他们亲自前往涂料生产厂,查明最佳的混合比率为涂料和硬化剂16∶4,从而解决了这个问题。

接下来工人们将目光放在混合涂料的容器上。因为修补工作需要的涂料量很少,容器太大剩余的涂料会干燥导致浪费。另外,容器越大越不容易掌握混合比率。

他们发现用来制作冰棒的模具是非常合适的容器。于是购买了一批10cc的冰棒模具用来混合涂料，解决了混合涂料容器的问题。

但问题依然存在。冰棒模具是细长型的很容易倒。工人们用外卖咖啡时的盖子作为容器解决了这个问题。

山口对工人们解决问题的过程这样评价道：

"通过解决这一系列的问题，修补工作的时间得到了大幅缩短。**关键之处就在于从小问题入手，从自己力所能及的问题入手，通过思考来解决问题，培养自信。**

"后来，这些工人们终于开始思考'如何取消修补工作'。虽然看上去好像绕了远路，但与直接解决这个最大的问题相比，从小问题开始逐渐改善，更容易想出好办法。"

从解决小问题到解决大问题

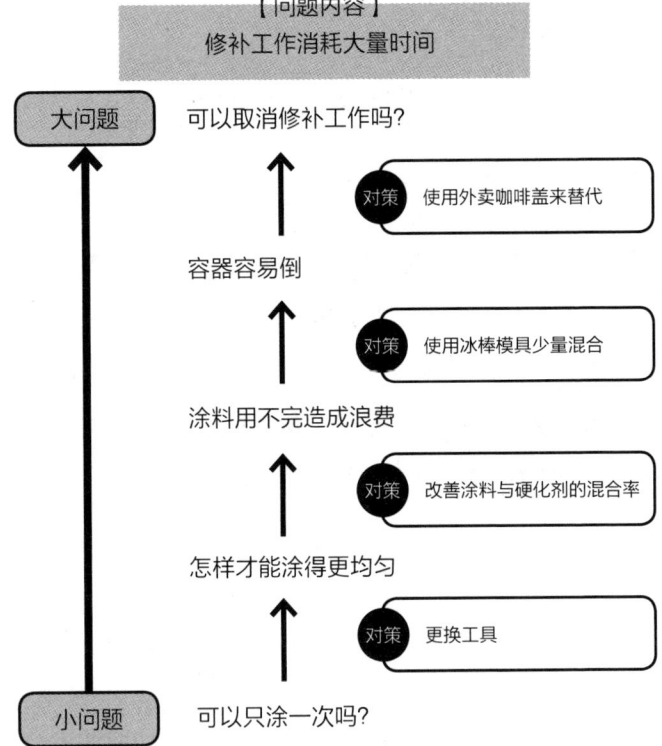

特别是对于还不习惯解决问题的人，不要从大问题开始，而应该从身边的小问题着手，更容易提高你解决问题的能力。**先剪"小枝"再砍"树干"是成为解决问题达人的秘诀。**

能"横展"的才好

小改善的优点在于，谁都可以做到，可以应用到其他的职场。因此，能够"横展"的问题内容是最理想的。

"横展"是丰田生产方式的术语"横向展开"的略称。意思是"将某生产线或工厂的成功经验展开到其他类似的生产线或工厂"。通过将成功经验横向展开，可以提高公司整体的能力。

当解决一个问题之后，将该问题的解决办法普及到整个公司，就可以解决类似的问题。

与解决个别的特殊问题相比，解决困扰绝大多数人的普遍性问题更加重要。

[STEP 3]
设定目标

确定问题之后,需要提出解决问题"目标"。

[STEP]

3

目标设定

LECTURE
01

「应有状态」与「目标」不同

〉〉POINT

目标并不是"应有状态",也不是"手段"和"应做的事"。目标一定要远大。

目标不是"应做的事"和"手段"

明确问题之后,就要针对要解决的问题设定"达成目标"。

在设定达成目标的时候,需要注意4点。

第一个是**不要将"应做的事"作为目标**。

比如"增加部门的企划提出数量",只是表明了实施的内容。

这是初步的错误。

在这种情况下应该提出"本年度各成员各自的企划书采用率提高20%"这样具体的目标。

第二个是**不要将手段作为目标**。

比如为了提高企划书的采用率,"收集情报"和"提高表达能力"都是有必要的,但这些都是为了达成目标的手段而已。

将手段作为目标的话,采取手段的时候就已经达成了目标,但却不能解决问题。

目标要远大

第三个是**解决问题时经常发生的错误，那就是混淆"应有状态"和"目标"**。

请回忆一下步骤②"把握现状"中为了达成"应有状态"将大问题具体细分化的内容。

所以，这里设定的目标，必须是为了解决细分化的具体问题的目标。

比如"国内销量比去年提高20%"是"应有状态"，那么"国内销量比去年提高20%"就不能是目标。

目标必须是"东北地区的销量比去年提高40%""年轻顾客的销量比去年提高25%"之类具体的内容。

也就是说，在设定目标的阶段，实现"应有状态"不是目标，应该把目标设定为实现"应有状态"的过程。

这里设定的目标，必须接近"应有状态"。

第四个是**设立很容易达成的目标**。

人类总是对自己很宽容，所以很容易设立一个非常简单容易达成的目标。

指导师中岛辉雄说"**秘诀在于设立一个远大的目标**"。

"丰田曾经设立了'全球产量1 000万台'的目标,但当时的产量还不足600万台,两者之间存在400万台的差距。尽管这是一个非常困难的目标,但越是难以达成的目标,越能够激发人的思考。因为公司的总体目标是下达到生产现场的,所以现场的工作人员都绞尽脑汁思考如何提高产量。这是相当远大的目标,可以说正是这些远大的目标,使丰田变得更加强大。"

目标也不能太不现实,最好是在自己能够实现的基础上提高20%~30%左右。

"应有状态"与目标的区别

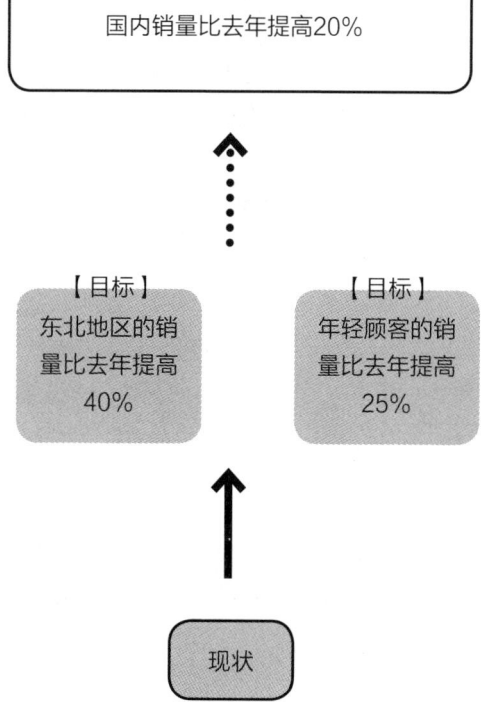

[STEP]

③ 目标设定

LECTURE
02

用数值表示目标

〉〉**POINT**

如果目标没有定量,那么就无法判断是否达成。定性的目标也应该尽可能数值化。

明确"怎么做"

决定达成目标的时候,具体应该按照以下3个要素来进行设定:

·何事

·何时

·怎么做

比如问题内容是"减少投诉品数量",目标应该这样设定:

·何事→出现投诉品

·何时→12月末

·怎么做→减少到每个月2件以下

这里的关键在于用数值表示。

"减少投诉品数量"作为目标来说不够完整。像这样模糊的目标,比如只减少了1件,也算达成目标,但实际上却没有解决问题。

所以在"怎么办"的部分必须明确数值。

这里所说的"数值"就是具体的基准和标准。

步骤②"把握现状"中已经明确投诉品出现在工厂什么地方，接下来可以根据相关数据和该部门的目标，来确定具体的数字。

决定"目标数字"的时候，不能随心所欲或者想当然。比如公司的目标是"投诉品数量每个月2件以下"，但考虑到现状和环境等因素，4件以下是比较现实的，那就应该与上司交流之后再做决定。如果贸然地设定一个无法实现的目标，只会平添挫折感罢了。

另外，**明确期限也很重要**。没有期限的话，目标就变成了一个"想要做"的空谈。不管是为了鞭策自己还是为了鞭策部下和团队，都应该明确一个期限。

指导师大鹿辰己说"任何行业，都应该尽可能的数值化"。

"制造业比较容易取得数据，但销售和办公室以及服务行业，经常出现难以取得数据的情况。比如'提高品牌印象''提高顾客满意度'之类的问题内容，难以将'怎么做'的部分数值化。但如果尽可能地使其数值化，不但可以提高达成目标时的热情和责任感，还可以通过数值来切实地感觉到具体能够改善到什么程度。"

比如针对"提高顾客满意度"这个问题内容，将其分解为"只有个别工作人员可以导览公司展厅"的小问题。

那么"增加导览公司展厅工作人员数量"的目标就是不充分的。必须用"3个月后全体7名工作人员都能够导览公司展厅"来明确目标达成的基准。

定性的目标要活用"KPI"

销售额、利润率、销售台数、成本削减率、缩短工期等可以数值化的内容，设定目标时相对比较容易，但也有无法用定量数字表示的情况。

比如"提高品牌印象"这一目标，无法用数值来具体地表示。

对于这种定性的目标，可以利用"KPI（Key Performance Indicator）"来进行定量的把握。

所谓KPI，就是"达成目标的关键业绩指标"，又被称为关键绩效指标。

比如"提高品牌印象"这一目标,将"重复率""广告费"作为评价品牌印象的指标。只要将这些指标数值化,就可以在某种程度上定量化品牌印象。

另外"店铺清扫状态""工作人员的商品知识"等对提高品牌印象有帮助,却难以用数值表示的指标,也可以将其状态分级。

比如"店铺清扫状态",可以设定为"每小时进行一次清扫和检查为5级""每天进行一次清扫和检查为3级",这样就能够对具体情况进行定量地把握。

目标不能用抽象的语言描述

设定目标时,不能使用抽象的语言。

比如下面这样的说法:

- 加油
- 提高效率
- 分析
- 对应

·贯彻

不明确的语言,会成为没有达成目标时的借口。因为像"努力"这样的目标只能通过主观来进行判断。

所以用具体的数值来进行表示是非常重要的。

[STEP 4]
找出真正的原因

发生问题的时候要彻底追究真正的原因。
用"三现主义"重复"为什么"是最基本的方法。

[STEP]

④ 真正的原因

LECTURE 01

重复5次『为什么』

〉〉**POINT**

找出引发问题的真正原因的秘诀在于不断地重复"为什么、为什么、为什么……"。

不找出真正的原因，问题还会再次出现

步骤④"找出真正的原因"，就是摸清步骤②"把握现状"中明确地有待解决的问题发生的原因。通过解决真正的原因，来达成目标。

在丰田的工作现场，"找出真正的原因"是最常用的一句话。

所谓真正的原因，就是引发问题的真正的"要因"。

问题越大，对其原因进行调查时，就会发现其中有很多"要因"。比如针对"无法达成销售目标"这一问题，可以提出100个以上的"要因"。

但是，就算你解决了眼前的这些"要因"，如果其中不包括真正的原因，那么也只是解决了眼前的原因，而同样的问题还会再次出现。

假设"无法达成销售目标"这一问题的真正原因是"营业负责人的更换过于频繁"，但你却错误地认为"每天的访问次数多少"是真正的原因，那么就算解决了这个原因，也只能取得暂时的效果罢了。

就算解决了眼前的原因，也无法改变现状，问题很有可能再次

出现。

关键在于，找出引发问题的真正原因，从根本上解决问题。

找不到真正原因的话很容易半途而废

丰田为了找出真正的原因，会通过重复"为什么"来寻找要因。

指导师大鹿辰己说"重复5次'为什么'是丰田的企业文化"。

"丰田将这种方法称为'5次为什么'。虽然也有重复两三次'为什么'就找到真正原因的情况，但对于尚不习惯解决问题的人来说，很容易在还没找出真正原因的阶段，就认为'这是真正的原因'。所以重复四至五次'为什么'，可以更加逼近真正的原因。"

比如"年轻营业负责人的业绩下降"这一问题。
在思考"为什么"的时候，会想到以下这些要因：

【问题】年轻营业负责人的业绩下降

【为什么①】为什么业绩下降？……因为无法拓展新客户

【为什么②】为什么无法拓展新客户？……因为就算上门访问也无法成功商谈

【为什么③】为什么无法成功商谈？……因为没有第二次访问

到这里或许很多人认为"没有第二次访问"就是真正的原因，并且做出"增加第二次访问"的对策。

但是，就算对新客户增加第二次访问，年轻营业负责人的业绩仍然没有起色。

也就是说，"没有第二次访问"并不是真正的原因。

那么，继续提出第四、第五次的"为什么"又将如何呢？

【为什么④】为什么没有第二次访问？……因为不能很好地对商品进行说明

【为什么⑤】为什么不能很好地对商品进行说明？……因为对商品的知识不足

如果年轻营业负责人对商品知识不足是真正的原因，那么采取"学习商品知识"的对策，就可以提高说明能力，使商谈顺利进行。

分析到了这一步,才终于发现"商品知识不足"这个真正的原因。

当然,并不是任何情况都可以通过重复5次"为什么"找出真正的原因。也有2~3次就找出来的,也有十几次才找出来的。

关键在于不能做出错误的判断,而应该准确地找出引发问题的真正原因。

用"为什么"找出真正的原因

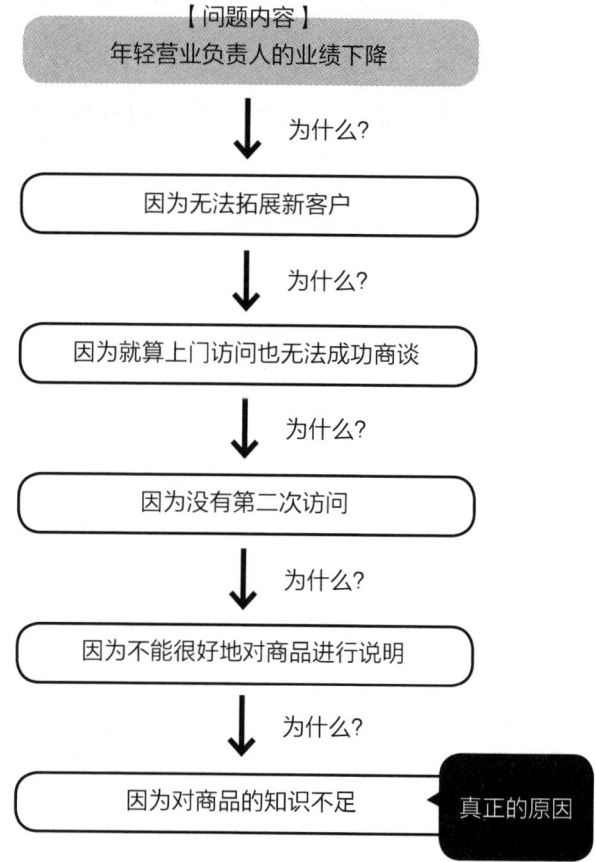

[STEP]

④ 真正的原因

LECTURE 02

用『特性要因图』寻找真正的原因

〉〉POINT

寻找真正的原因时，利用"特性要因图"进行"为什么、为什么……"的思考尤为重要。

"做不出好吃的米饭"的真正原因是什么?

步骤②"把握现状"中明确的应该解决的问题,被称为"特性"。

丰田在整理"特性"与可能造成影响的要因之间的关系时,会使用一个被称为"特性要因图"的工具,对要因进行分析。

需要注意的是,这里分析的是可能属于真正原因的要因,在这一阶段并不是真正的原因。

特性要因图因为结构好像鱼骨,所以又被称为"鱼骨图"。

让我们思考一下身边的例子。

假设有"做不出好吃的米饭"这个问题(特性)。

首先我们应该找出直接的要因。这时为了思考要因,需要找出"切入点",然后以此为基础进行思考。

"做不出好吃的米饭"的要因,可能是"材料""锅""烹饪方法"等等。这相当于大骨部分。

接下来是依次细分,找出中骨和小骨部分,这时候需要用到的方法就是"为什么"。

让我们先以"材料"这个切入点为例。

"为什么做不出好吃的米饭？"

我们能够列举出很多要因，其中之一是"米和水的比例不对"。这就是中骨部分。

接下来思考"为什么米和水的比例不对"。然后发现"加水的时候是目测的"这个要因。这就是小骨部分。

同样的步骤也要在"材料"之外的切入点"锅"和"烹饪方法"中进行。

最终完成的结果如下页图所示。

"做不出好吃的米饭"要因

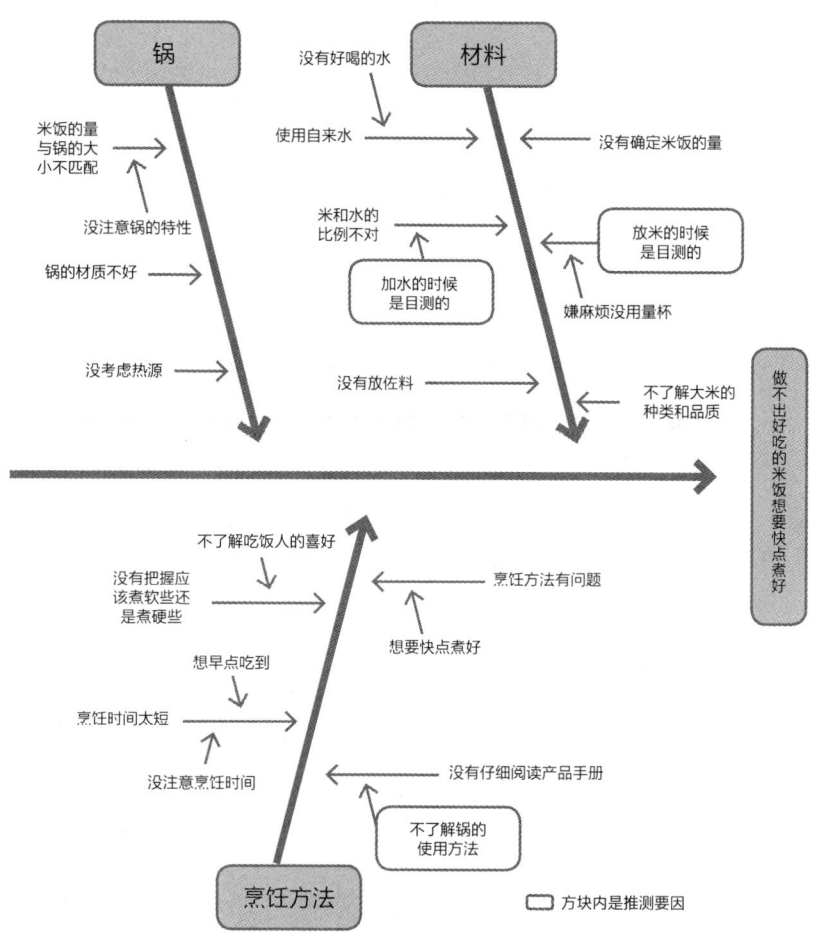

将因果关系像鱼骨的形状整理出来之后就一目了然。

在列举要因的阶段,应该找出针对哪个要因采取对策可以防止问题再次出现。这样找出的要因被称为"推测要因"。上图中"放米的时候是目测的""加水的时候是目测的"以及"不了解锅的使用方法"是推测要因。

思考"切入点"

使用特性要因图寻找要因时,首先需要注意的是找出思考要因的"切入点"(大骨)。

在"做不出好吃米饭"的例子中,设定"材料""锅""烹饪方法"为切入点。

通过设定"切入点",可以全面地找出要因。在思考切入点时可以利用解决问题的4M。

所谓"4M",就是Man(人)、Machine(机器)、Material(材料)、Method(方法)。

除此之外还有以下的切入点:

- 人、物、钱、情报
- QCD（Quality：品质、Cost：成本、Delivery：期限）
- 心、技、体

特性要因图的完成形没有标准答案。

最终找出什么要因，形成怎样的因果关系，完全取决于制作者的经验和直觉。所以，"必须是漂亮的鱼骨形状"这样的固有观念是绝对不能有的。

另外，尽可能多地向他人寻求意见，从更多的视点列举要因，更容易找出真正的原因。

第132页图是针对"减少投诉品数量"这一问题内容的"贴错标签"课题利用特性要因图进行的分析。

指导师大岛弘认为这里存在几个经常容易出错的地方。

"特性要因图的特性，必须是步骤②'把握现状'中找出的应该解决的课题。但是，很多人在实际描绘特性要因图的过程中，却经常将步骤①'明确问题'中设定的问题内容放进来。除了无法进行步骤②的情况，都应该放入从问题内容中提出的课题。否则的话，步骤②就等于做了无用功，当然也难以找出真正的原因。"

根据特性要因图,从"工作人员"这一切入点,可以找出"有时检查时间不足""没有确定检查项目""没有培训检查方法"等要因作为真正原因的推测要因。

"贴错标签"的特性要因图

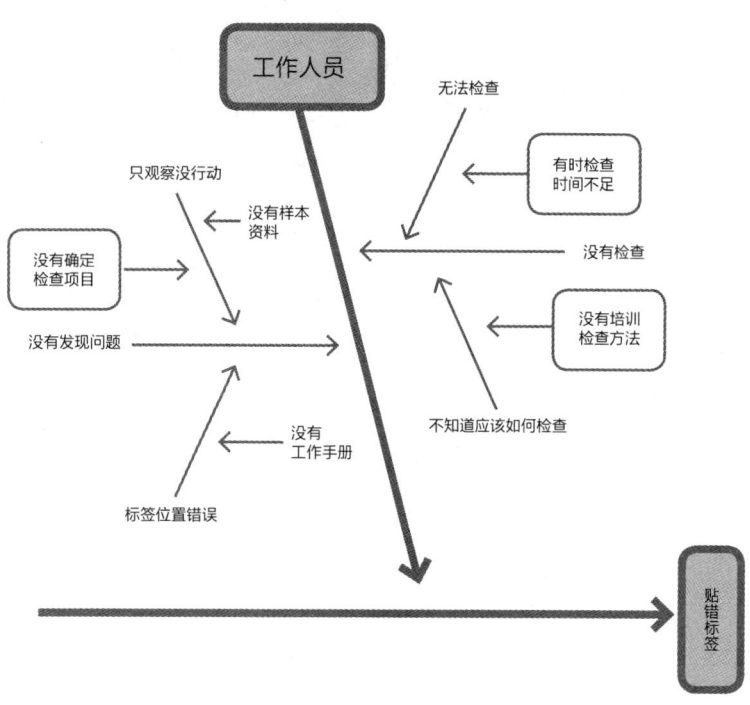

☐ 方块内是推测要因

※提取自"工作人员"的切入点

[STEP]

④ 真正的原因

LECTURE
03

确认『是否是真正原因』的3个要点

〉〉POINT

　　确认是否是真正原因时的关键在于"因果关系反过来是否成立"。

问题会不会发展

通过特性要因图找出要因后,需要挑出那些可能是真正原因的要因(推测要因)。

如果列举出的要因太多,或许难以判断出哪个才是推测要因。

指导师大岛弘针对这种情况给出了如下的建议:

"在解决问题的8个步骤中,原则上不应该依靠经验和直觉,但在这一阶段却例外地可以依靠经验和直觉。将你认为可能是真正原因的要因找出来,用方框围起来。这种情况下,如果你的小组成员里有工作经验丰富的人,那么更容易找出真正的原因。"

当给候补做出记号之后,可以通过3个方面来检查其是否属于推测要因。

第一个是"解决这个要因之后,是否解决了问题,仍然取得同样的成果"。

比如以"做不出好吃的饭"为例,从"放米的时候是目测的"这个要因入手,与做出好吃的饭之间出现因果关系。

第二个是**"重复'为什么',问题会不会发展"**。

比如像"因为不景气""因为政局动荡""因为其他公司发展太快"这些难以确定具体对策的内容,很有可能是推测要因。

因果关系反过来是否成立?

第三个是检查**"因果关系反过来是否成立"**。

将寻找真正原因的时候所问的"为什么"反过来,检查因果关系是否仍然成立。

仍然以"做不出好吃的饭"为例:

"做不出好吃的饭"
　　↓为什么
"米和水的比例不对"
　　↓为什么
"加水的时候是目测的"

将这个关系反过来检查是否仍然成立。

"加水的时候是目测的"

　　↓所以

"米和水的比例不对"

　　↓所以

"做不出好吃的饭"

像这样因果关系反过来仍然是成立的。

再举一个例子。

下面的情况,因果关系反过来也仍然成立。

"出现投诉"→为什么→"新车出厂时有伤痕"

"新车出厂时有伤痕"→所以→"出现投诉"

那么,下面这个例子又如何呢?

"出现投诉"→为什么→"顾客神经质"

"顾客神经质"→所以→"出现投诉"

并不是所有的神经质顾客都会投诉,况且就算这是要因之一,从厂商的角度来说也无法消除神经质的顾客,所以这并不是推测要因。

因果关系反过来是否成立

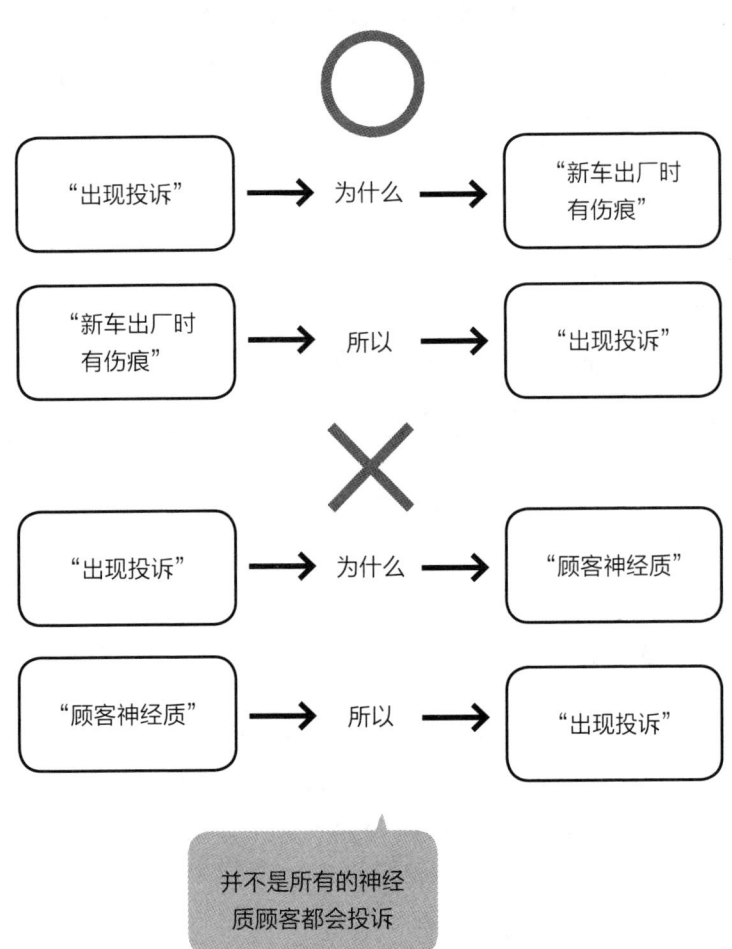

[STEP]

④ 真正的原因

LECTURE 04

寻找"真正"的真正原因

>> **POINT**

选出的"推测要因"要通过事实和数据来进行验证。最终将会找出"真正的原因"。

用"为什么"找出真正的真正原因

就像建立特性要因图的因果关系时要思考"为什么"一样,从真正原因的候补(推测要因)中找出真正原因的时候,"重复5次为什么"也是必不可少的。

将通过特性要因图找出的推测要因,基于"三现主义"与事实进行验证,找出真正的原因。

在这个阶段,"为什么"是非常有效的方法。

比如针对"减少投诉品数量"这一问题内容的"贴错标签"课题用特性要因图来进行分析,发现"检查时间不足""没有确定检查项目""不知道应该如何检查"这三个推测要因。

这些推测要因都应该与事实对照进行验证,这里以"有时检查时间不足"为例进行验证。

根据"三现主义"对现场进行验证,发现工作人员检查标签的时间从1秒到10秒不等。

基于这一事实,反复思考"为什么"。

"检查标签的时间有偏差"

　　↓为什么

"必须在短时间内做出判断"

　　↓为什么

"看的地方不同"

　　↓为什么

"每个人的工作习惯不同"

　　↓为什么

"没有基准"（真正的原因）

在这个例子中，"真正的原因"就是"没有基准"。也就是说，如果在检查标签这一环节中制定基准，那么就可以消除贴错标签的问题，减少投诉品出现的数量。

当然，在这个例子中并没有重复5次"为什么"，但这无关紧要。有时候只要重复3次就能找到真正的原因，也有时候重复10次才能找到。

检查是否真正原因的3个方法

在找出真正的原因之后，或许仍然有人怀疑"这是不是真的真正的原因"。

在这种情况下，可以用前面介绍过的3个方法来进行确认。让我们一起回顾一下。

第一个是"解决这个要因之后，是否解决了问题，仍然取得同样的成果"。

第二个是"再次重复'为什么'，问题会不会发展"。像"因为不景气""因为政局动荡"这些难以确定具体对策的内容，并不是真正的原因。

第三个是将寻找真正原因的时候所问的"为什么"反过来，检查因果关系是否仍然成立。

当找出"这就是真正的原因"之后，需要去现场确认自己的判断是否准确。如果与现场的状况和数据一致，那么就可以确定这是真正的"真正原因"。

不要选"或许能行"的办法

如果真正的原因伴随着一定的困难,那么人们往往不愿面对。

反之,人们更容易选择那些看起来比较简单的办法。但是,"或许能行"的推测要因,结果很有可能并不是真正的原因。

比如"企划书的采用率低"。

假设真正的原因是"不了解对方的需求",但却认为相对简单的"企划资料不好看"是最主要的原因,那么就会采取错误的对策。

"与摸清对方的需求相比,重新制作企划书更加简单",在这种想法的驱使下,很容易错过最具影响力的真正的原因。

不要选"或许能行"的办法,而要从"必须这样做"的视点来找出真正的原因。

明确通往真正原因的过程

小组和部门解决问题的时候,必须彻底共享"重复5次为什么"的过程。

指导师谷胜美这样说道:

"一般情况下，通过步骤①②取得数据、确认现场后，就可以根据过去的经验和直觉找出'或许这是真正的原因'。因为真正的原因不存在于桌面上，只存在于在现场中。但在这种情况下，必须清楚地把握因果关系。因为如果以小组为单位解决问题时，如果不明确因果关系，那么就无法让所有成员都理解和接受解决问题的过程。"

比如"收拾办公室的意识太低"这个问题，直觉敏锐的人肯定会一下子想到"制定5S研修的年度计划"。

但是，或许有的人不理解"为什么制定年度计划，就能提高收拾办公室的意识呢"。所以需要明确整个思考的过程。

"收拾办公室的意识太低"
　　↓为什么
"因为有人没参加过5S研修"
　　↓为什么
"研修没有提到日程表上来"
　　↓为什么
"因为没有研修的年度计划"（真正的原因）

通过明确连接问题和真正原因之间的思考过程，可以让团队成员都理解"只要采取这个对策，就能够解决问题"。

特别是经验丰富的管理层，更容易忽略因果关系而直接制定对策，所以必须注意。

[STEP]

④ 真正的原因

LECTURE 05

不要把『真正的原因』推给别人

>> POINT

在自己的责任范围内寻找能够解决问题的真正原因。转嫁责任绝对无法解决问题。

"客户不对"无法解决问题

确定真正的原因时,有两点需要特别注意。

第一个是**在自己的责任范围内寻找能够解决问题的真正原因**。不能把责任转嫁给他人或者外部要因。

比如"销售额无法提高",如果因为"经济不景气"的话,从个人层面上来说束手无策,"部下经常辞职"如果是因为"人事部的招聘方针有问题"的话,自己也没什么解决办法。

另外还有像"营业负责人的活动量少,是因为人事考察制度不好",这样将原因怪罪到制度上的情况。

在抱怨经济不景气、人事部有问题、制度不好这些原因之前,应该寻找自己能解决的要因。

指导师大鹿辰己这样说道:

"营业部门思考真正的原因时,可能会做出'客户公司的人事变动导致负责人更换了''目标客户群体太少所以卖不出去'之类的结论,但我们不可能要求客户做出改善。在思考这类问题的对策时,原则上应该在自己部门能够解决的范围内寻找真正的原因。"

如果是制造部门的"采购品出现问题"这种情况,那么确实应该要求供货商做出改善,但基本上还是以自己职责范围内能够解决为最优先选项。

有时真正的原因可能涉及上司和其他部门,这种情况下,也应该尽可能把解决问题的具体行动落实到自己的职责范围内。

如果找同事帮忙和向上司报告能够更有效地解决问题则问题不大,但不能把问题都推给上司或其他部门。

在寻找真正的原因时,必须从"依靠自己的力量解决问题"的视点开始。

是否凭感觉寻找要因

第二个是**不要凭感觉寻找要因**。

在寻找真正原因的时候,反复地思考"为什么",很容易出现将凭感觉找到的要因当成真正原因的情况。

比如"只有个别工作人员可以导览公司展厅"这一问题。

用"为什么"分析这个问题如下所示：

① "其他的工作人员没有进行过导览"

　　↓为什么

② "并不是所有人都能够进行导览"

　　↓为什么

③ "没有可以导览的手册"

　　↓为什么

④ "科长认为不需要导览手册"

　　↓为什么

⑤ "社长让科长全权处理"

　　↓为什么

⑥ "社长的经营方针有问题"

虽然最终发现社长的经营方针有问题，但不可能采取更换社长的解决办法，所以无法解决问题。

实际上从④之后都是凭感觉分析的要因。"科长认为不需要导览手册"只不过是个人的推测罢了。

如果"为什么"不以事实为根据，那么分析的方向就会出现偏差。

对于这个例子，真正的原因是③"没有可以导览的手册"。如果有手册的话，谁都可以进行导览。到了这一步之后就没有必要继续思考"为什么"来寻找要因了。

另外，**如果真正的原因涉及人的"意识"和"意欲"，那么很有可能是凭感觉分析出来的。**

比如"〇〇先生的问题意识太低""××先生没有干劲"等要因，就是凭感觉分析出来的，可能并非事实。

但是，如果从客观的角度来看确实包括"意识""意欲"的原因，那么也可以将其作为要因。

在这种情况下，需要继续用"为什么"进行思考。

通过思考"为什么问题意识太低？""为什么没有干劲？"来寻找真正的原因。最终很有可能发现"因为没有仔细地教他工作方法"这个真正的原因。

[STEP 5~7]

建立对策并且实行

确定真正的原因之后，就需要建立对策并且实行。

这时，检查对策实行的效果是非常重要的。

[STEP]

⑤ 对策计划

LECTURE 01

提出尽可能多的对策

〉〉POINT

提出尽可能多的对策，找出最有效的一个。同时还要思考实现的可能性和风险来做出决定。

提出对策的10个视点

确定真正的原因之后,就要仔细思考"要怎么做才能解决真正的原因"。

首先是针对真正的原因提出尽可能多的对策。

顺便说一句,真正的原因不止一个。如果发现有多个真正的原因,那么需要针对每个真正的原因建立对策。

在提出对策的时候,从以下10个视点出发进行思考,可以很容易地找到对策。

①排除:如果不这样做会怎样

②正反:如果反过来会怎样

③扩大与缩小:如果扩大会怎样,缩小又会怎样

④结合与分散:如果结合会怎么,分散又会怎样

⑤集约与分离:尝试总结和分解

⑥附加与删除:尝试附加和删除

⑦顺序与替换:尝试重新排列顺序或者替换顺序

⑧共同的差异:寻找不同的点

⑨充足与代替：是否能用其他东西代替
⑩平行与直线：是否可以同时进行还是顺序进行

提出对策的10个视点（例）

1. 排除 — 消除工作过程，减少人工
2. 正反 — 将人的职责反过来，放置的位置反过来
3. 扩大与缩小 — 增加项目组成员或者减少
4. 结合与分散 — 同时进行开发与促销、将开发部门分成两个
5. 集约与分离 — 将会议统一，将会议分解
6. 附加与删除 — 增加资料、减少资料
7. 顺序与替换 — 改变工作顺序
8. 共同的差异 — 灵活运用同专业领域工作经验不同的人
9. 充足与代替 — 效仿其他部门的成功经验
10. 平行与直线 — 同时进行两个促销手段，或者依次进行

找出对策的5个视点

尽可能多地想出对策之后,需要对每个对策进行评价,排出优先顺序,这时需要用到5个视点。

①效果:是否能够解决真正的原因。是否能够达成目标。
②实现的可能性:是否能够实际执行。是否会将其他部门或组织牵涉进来。
③成本:需要多少时间和费用。需要多少人才能赶在工期前做完。
④风险:实际执行时是否存在风险。
⑤自我成长:通过实行这个办法,自身是否能够得到成长。

通过这些视点进行综合评价,选出最佳的对策。

这时,切实地思考"采取对策后,会发生什么"尤为重要。比如丰田就会对风险问题进行特别的评估。从采取对策后对"安全""客户""法律法规"是否产生影响的角度进行全面的分析。

不管这个办法对解决问题多么有效，如果可能危及到员工的安全，损害到客户的利益，或者触犯法律法规，那么就不应该具体实施。

在解决眼前问题的时候，也应该考虑到对策的影响性。

对策不能推给顾客和其他部门

原则上，对策必须在自己职责范围内进行思考。

指导师大鹿辰己这样说道：

"在思考对策的时候，应该尽可能选择在个人的职责范围内能够解决的方法，或者在自己部门内能够解决的方法。如果需要麻烦顾客，或者推给其他部门，那么这件事就变成了别人的事，难以激发自己的工作热情。"

如果最终确定的对策需要推给他人，那说明这个问题本身就不对。应该从设定问题内容开始重新来过。

[STEP] 5 对策计划

LECTURE 02

决定对策的优先顺序

>> POINT

原则上应该选出最有效的对策，逐一实行。但"是否现实"也是非常重要的视点。

决定从哪个对策开始入手

存在多个真正原因的情况下，必须解决所有的真正原因，才算是从真正的意义上解决了问题。**但是，绝大多数情况下很难同时解决所有的问题，从现实的角度来说，应该决定对策的优先顺序。**

比如"减少投诉品发生数量"这一问题内容，假设存在3个真正的原因。在这种情况下，我们应该针对不同的真正原因选出最佳的对策，然后进行相对的评价，决定优先顺序。

①"有时候检查的时间不足"（推测要因）
　　↓
"没有基准"（真正的原因）
　　↓
"设定基准时间"（对策）

②"没有确定检查项目"（推测要因）
　　↓

"没有工作手册"（真正的原因）

　　　↓

"制作工作手册、制定检查标准"（对策）

③"没有培训检查方法"（推测要因）

　　　↓

"没有培训手册"（真正的原因）

　　　↓

"制作培训手册"（对策）

在排列对策的优先顺序时，可以通过"安全""品质""成本""难易度""效果"等标准，通过"◎""○""△""×"来进行评价。

决定对策的优先顺序

	①	②	③
推测要因	有时候检查的时间不足	没有确定检查项目	没有培训检查方法
调查结果	检查时间从1秒到10秒不等	检查项目全凭操作员个人判断	口头培训,培训内容有不全面的地方
真正的原因	没有基准	没有工作手册	没有培训手册
对策	设定基准时间	制作工作手册、制定检查标准	制作培训手册
安全	◎	◎	◎
品质	◎	◎	○
成本	◎	◎	○
难易度	◎	○	△
效果	◎	○	○
顺序	1	2	3

相对地评价决定优先顺序

"◎":完全没有问题,非常有效
"○":几乎没有问题,有效
"△":基本没有问题,几乎没有效果
"×":有问题,完全没有效果

在上图中，①"有时候检查的时间不足"（推测要因）→"没有基准"（真正的原因）→"设定基准时间"（对策），所有项目都是"◎"，因此被选为第一个。

不过，也有采取了第一位的对策，却并没有取得良好效果的情况。在这种情况下，可以依次采取排在后面的对策。

另外，通过将对策多个组合，可以产生相乘的效果，从而弥补对策单独实施时可能出现的弱点，在实行了一个对策之后，可以随之实行第二个、第三个对策。

从现实的对策着手

像这样通过各个角度进行综合分析是最传统的方法，但其中**最关键的一点在于这个对策"实行起来究竟如何"**。

如果实行需要大量金钱，或者需要很多人力，那么这样的对策就算效果再好，也是需要时间准备的。所以，最好寻找那些在自己职责范围内能够立刻实行的对策。

比如由于工作现场的布局，导致有一个零部件必须用机械吊起来才能移动。那么要想解决这个问题，可以购买一台吊机使整个过程自动化。

但如果为了实现这个自动化需要花费1亿日元,要想拿到这笔预算并不容易。

所以首先考虑自己能够实现的对策是最重要的。

自动化当然能够取得很好的效果。

但要想实现自动化,需要花费大量的金钱和时间,所以丰田在考虑自动化之前,都会先思考除了自动化之外,有没有其他的对策。

仍然是这个例子,除了自动化之外,可以采取改变工作现场布局,或者使用台车来移动大型零部件的办法。像自动化这样花费大量金钱和时间的方法,只有在想尽一切办法仍然无法解决问题的时候才会选择。

[STEP]

⑥ 对策实施

LECTURE 03

速度！速度！速度！

>> POINT

建立对策计划后，应该立刻实行。立刻实行计划，可以将由于环境变化带来的影响降到最低。

实行对策后进行评价

决定对策后,就进入实施阶段。

在"减少投诉品发生数量"这一问题内容的情况下,针对如下的真正原因和对策,开始正式实施。

① "有时候检查的时间不足"(推测要因)

→ "没有基准"(真正的原因)

→ "设定基准时间"(对策)

在这种情况下,设定检查标签的时间为"观察5秒",要求员工遵守。

像这样实施对策后,需要对对策进行评价。如果这一对策没有效果,就意味着这个对策并非正确答案。

那么在实行对策却没有取得期待中的效果时,应该怎么办呢?

因为可能是搞错了真正的原因,所以应该回到步骤④"找出真正的原因"来重新进行分析。

另一方面,如果通过实施这一对策,消除了"检查标签时间长短不一"的状况，检查时间全都为5秒钟，那么就可以说明对策是有效的。在检查对策效果时，基于"三现主义"提取现场数据的重要性不言而喻。

对对策进行评价时，需要考虑是否在其他方面造成了障碍。比如，虽然保证了检查标签的时间，但生产效率下降了，工作人员的工作流程被打乱了，那就是得不偿失。

可以通过以下的视点对实行对策后的影响进行确认。

安全方面：是否有使操作者受伤的危险

品质方面：是否会导致商品质量下降

价格方面：是否提高了成本

生产效率：是否降低了效率

启动效率：系统和设备是否有停止

工作流程：是否对工作造成不好的影响

随后步骤的影响：是否对下一道工序造成影响

在进行了上述的检查，确定没有问题之后，就可以继续实行②"没有确定检查项目"、③"没有培训检查方法"等其他推测要因的对策。

快速集中地采取行动

在步骤⑥中最应该重视的,就是效率。

整个团队作为一个整体,集中采取行动是非常重要的。因为**环境的变化可能使真正的原因和与之相对的对策发生变化。**

为了避免环境变化造成的影响,必须迅速地实行对策。

另外,**检查进展状况也是非常重要的。**

与事先设定的时间表进行对照,检查进展状况是否正常。这样做能够及时发现实际情况与计划是否有出入,并且及时做出修正,防止问题发展到不可收拾的地步。

在检查进展状况的时候,"报联商"(报告、联络、商谈)尤为重要。如果不实时地将进展状况向相关人员和上司汇报,那么会给相关人员的工作造成影响,导致浪费时间。

通过贯彻实时的"报联商",可以防患于未然,并且对突发情况做出及时的应对。

不实行所有的对策无法达成目标

如果步骤⑤"建立对策计划"中提出的对策有多个,那么必须将这些对策全部实行。

因为不实行所有的对策,就无法达成目标。

比如针对"将每个月出现50件的残次品在半年后减少到5件"这一目标,需要3个对策方案。

在这种情况下如果只实行1个对策方案,不可能消除所有的残次品,或许只能减少到15件。

只有在实行了第二个和第三个对策之后,才能够达到5件的目标。

由此可见,在迅速地实行了第一个对策之后,后续的对策也应该尽快实施。

[STEP]

⑥ 对策实施

百行不如一果

LECTURE 04

>> POINT

实行对策时，关键在于要取得成果。就算失败，也算是一种成果。

就算失败也要坚持到取得结果

指导师大鹿辰己这样说道:

"百闻不如一见,百见不如一思、百思不如一行、百行不如一果——也就是说,最终如果没有取得成果就毫无意义。解决问题的步骤也是如此。首先要考虑取得成果,主动地采取行动,这是非常关键的。"

比如营业负责人采取"对A业种的公司进行推销"的对策时,一直都没能取得成果。

在这种情况下,很多人会认为"既然一直以来在A业种的公司都没有成果,那么对其他公司进行推销也没用",结果自己对行动做出限制。然后就找那些自己容易搞定的对象来进行推销。

但像这样被动地进行工作,虽然不会失败,但却很难取得成果。并不是只有成功才是成果,失败的结果也是一种成果。

失败是证明存在问题的证据。主动地采取行动,将会撒下解决问题的"种子"。

所以，就算失败也要坚持到取得结果。

给自己必须这样做的理由

"享乐"是人类的天性。所以我们在工作中往往习惯性将实行对策往后拖延。

如果眼前出现问题的话或许会急忙实行对策，但对于现在没有问题的设定型问题，我们却经常迟迟不采取行动。

指导师近江卓雄认为"**要想解决这种情况，设定一个发表对策成果的机会是最有效的**"。

"丰田通过QC小组和阶层别研修来解决问题，所以经常有发表对策成果的机会。如果有这样的组织结构或者制度，那么实行对策时必然不会拖延。在解决对公司的经营造成巨大影响的问题内容时，最好定期召开包括经营层参加的报告会和发表会。如果没有领导和管理人员参加，很难让解决问题的文化固定下来。"

给自己一个必须这样做的理由，可以防止出现将对策置之不理的情况。

　　另外,上司通过定期的"报联商"确认"部下是否实行了对策",进行跟踪管理也是很有必要的。

[STEP]

⑦ 对策确认

LECTURE
05

确认效果要严守期限

〉〉POINT

实行对策后,要确认"效果"。但在确认效果的同时,对策仍然要继续进行,不能拖延时间。

对策没有效果说明搞错了"真正的原因"

当所有的对策都实行完毕之后,可以根据步骤③"设定目标"中设定的目标来评价对策的效果。

以"减少投诉品数量"这一问题内容为例,设定的目标是"到12月末将投诉品数量减少到每月2件以下"。提取数据后可以判断实行对策是否达成了这一目标。

还有一点需要注意的是,在步骤①"明确问题"中作为选择问题内容的理由列举出来的"重要度、紧急度、扩大趋势"的数据是否有所改善。

就算达成了目标,如果没有解决问题的话则毫无意义。

如果能够确定目标已经达成,并且也解决了问题的话,就可以进入步骤⑧,如果对策毫无效果的话,就说明步骤④"找出真正的原因"中找出的真正原因并不正确。需要重新回到步骤④,准确地找出真正的原因。

如果这样仍然不行,那说明可能是由于数据不足,导致无法准确地找出问题。在这种情况下,需要回到步骤①和②重新收集数据进行分析。

实行对策要在期限内分段确认效果

对策实行后，确认具有一定效果的情况下，可以证明对策的实行是正确的。

比如"投诉品数量到12月末减少到每个月2件以下"这一目标，到12月末减少到了每个月4件以下。虽然没有达到目标数值，但也算是有效果。

指导师大岛弘指出"**在这种情况下，也要继续实行对策，不能拖延时间**"。

"原则上应该将步骤③'设定目标'中制定的期限分为几个段落。不能因为即将达成目标而放松了对策的实行速度，这样很容易错过其他重要的真正原因和对策，导致无法达成目标。应该从'如果将减少到每个月4件的投诉品减少到每个月2件以下将会如何？'的视点再次开始解决问题的步骤"。

比如针对"减少办公室纸张的用量"这一问题内容,"将纸张两面使用"这个对策具有一定的效果。

但是,就算有一定的效果,但两面使用所能够起到的减少效果是有限的。要想取得更大的成果,应该采取"公司内部资料电子化"的根本对策。

在实行对策时,应该在期限内分段确认效果。然后将剩余的课题作为下一个问题内容来处理。这样一来,就可以切实地解决问题。但应注意在这时需要明确没有完全达成的要因,并且灵活地应用到后面的步骤之中。

[STEP]

⑦ 对策确认

LECTURE
06

除了结果之外还要确认『过程』

>> POINT

对策实行的结果非常重要，但一次性的结果没有意义。任何人都可以多次重现的结果才是最重要的。

确认实行过程

就算取得了不错的成果,但所采取的对策只能针对这一次的问题,或者实行过程无法复制,那么也是不行的。

丰田对于没有必然性和持续性的"结果"是不予正式承认的。也就是说,如果别人遇到同样的问题采取了这种方法,但是没有取得同样的效果,或者无法顺利实行,那么这个过程就是有问题的。实际上,"计算上应该有效,但实行中却没有效果"的情况并不少见。

某办公室希望通过解决问题实现"减少传票处理的工作时间"。按照解决问题的步骤实行某种对策后,将平均12分钟的工作时间减少到了10分钟。

因为确认了对策的效果,所以该办公室要求所有员工都要在10分钟内完成工作。但是有的人10分钟可以做完,有的人却仍然需要12分钟。

是否所有人都能够取得同样的结果

为什么有的人10分钟就可以做完,而有的人却不能呢?

因为没有"标准"。

也就是说,因为没有"按照这种方法工作,谁都可以在10分钟内做完"的工作手册,所以虽然实行了对策,结果却因人而异。

极端点说,如果有的人把处理传票所必需的资料放在很远的地方,那么好不容易实行对策后缩短的2分钟时间,全被取资料的时间浪费了。没有"必须将资料放在随手可以取用的地方"这样的标准,那么必然无法取得理想的效果。

丰田只认可能够取得必然且持续结果的对策。所以必须确认实行的过程,确认所有人采用这种方法都能够取得同样的结果,让对策能够活用在其他的问题上才是最关键的。

[STEP 8]
固定成果

解决问题的最后一个步骤,是将成功的过程固定下来。
这样可以提高整个组织的力量。

[STEP]

8
固定成果

LECTURE
01

固定成果

〉〉POINT

将"任何时候任何人实行,都能够取得同样结果"的"标准"在整个组织中固定下来,解决问题的整个过程就全部结束。

进行"标准化"和"管理的统一"

在丰田,成功的过程(成果)不是一次性的。将成功的过程作为"流程"固定下来已经成为一种习惯。这种行为被称为"标准化"。

简单来说,就是"任何时候任何人实行,都能够取得同样结果"的流程。

丰田有很多规定工作标准的"工作手册",就算是新员工,也能像老员工一样进行工作。

像这样决定"标准"的管理方法,并且严守标准的状态,被称为"管理的统一"。

指导师大岛弘这样说道:

"'标准化'和'管理的统一'被称为'固定成果'。解决一个问题不是终点,将成果固定下来,才算是彻底完成。然后才能着手解决下一个问题。也就是说,丰田的改善(解决问题)是半永久持续的。"

将成功的过程"横展"

进行"标准化"和"管理统一"的顺序如下:

①将临时的工作方法作为正式的"标准"公布
②决定管理方法,制定标准书
③贯彻新的(正确的)管理方法
④培训正确的工作方法
⑤利用"三现主义"确认方法是够能够维持

①和②属于"固定成果"的阶段,③和④属于将成果扩大到其他相关部门,丰田将这种行为称为"横展"。

以"减少投诉品发生数量"为例,解决这一问题的过程不能只停留在自己的部门,还要与其他相关部门共享。

指导师加藤由昭说"自己主导取得的解决问题成果,很快就会成为能够在全公司实行的经验"。

加藤在丰田担任组长的时候,有一条生产线经常出现汽车内饰破损的问题。因为这条生产线横跨两个楼层,所以每次出现问题时都要更换新的零件,必须做出应对。

加藤回忆当时的情况时说道：

"因为员工们都在生产线上工作，一旦出现问题只能由我来应对。总是要在两层楼之间来回跑真是让人很郁闷。这就是因为我感到'麻烦'而进行解决的设定型问题。"

加藤在进行了大量的思考之后，**决定在上午和下午各安排一段时间暂停一次生产线，对各个工作流程进行检查。**

暂停生产线意味着生产效率的降低。最初这种做法遭到了上司的训斥，但定期进行品质检查，则大幅减少了出现问题的几率。

加藤将这次解决问题的成果称为"品质检查时间"，并且推广到了其他的工厂。上午和下午各安排一段时间进行品质检查。

像这样将标准化的流程积极地推广到其他部门，可以提高公司和组织的整体实力。

比如，某个营业负责人在解决"无法准确把握客户需求"这一问题时，通过制作"客户意见表"顺利地解决了问题。

在这种情况下，他将"客户意见表"共享给其他的营业负责人和其他的营业部门，作为统一的调查表使用，结果提高了全公司的营业力量。

指导师谷胜美这样阐述"横展"的重要性：

"我在对客户公司进行指导时，都会要求他们建立一个解决问题的项目组。但真正的战场却在成功解决问题，项目组解散之后。只有在平时的工作中仍然能够重现当时解决问题的过程，实现横向展开，才能说这次的问题得到了圆满的解决。"

实现"横展"之后，需要定期到现场进行检查，确定是否能够维持下去。当标准顺理成章地在其他部门得以实施之后，公司整体也会随之产生改变。

[STEP]

⑧
固定成果

LECTURE
02

共享工作的『过程』

〉〉POINT

解决问题的过程，不只能够给其他成员提供经验，还是说服对方的有力材料。

从他人的"过程"中学习经验

解决问题的作用之一,就是明确工作的过程。

指导师大鹿辰己在对某企业的营业部门进行指导时,取得了如下的效果:

"这个营业部门在对员工进行评价时,只参考销售额等个人的数字。所以,同事之间只知道彼此的业绩是好是坏,却不知道别人都是怎样工作的。于是我建议他们整个部门一起解决问题,通过交流各自的意见和情报,将工作的过程共享。这种方法成功地提高了营业部门的整体实力。"

通过丰田的解决问题的8个步骤,可以明确问题究竟是什么,应该采取怎样的对策才能够解决问题等过程。

与同部门的其他成员们一起解决问题,经常会有"原来他也存在同样的苦恼""原来这样做就可以解决问题"之类的意外发现。

也就是说,**通过解决问题,可以学习他人的知识和经验,使之**

成为自己的财富。

大鹿说道,"丰田通过QC小组和阶层别研修,使员工们有机会一起解决问题,培养共享工作过程的习惯"。

"丰田的员工都有一种'绝对不能输给别人'的想法。但越是这样的人,越愿意毫无保留地将自己的工作经验和方法分享给大家。或许他们心里想的是'如果你们能学去的话就学吧',但拥有这种习惯的职场才会变得越来越强。"

解决问题的方法,即便只有一个人掌握也能够发挥效果。但如果多个成员一起进行解决问题的步骤,共享解决问题的过程,那么效果会变得更加明显。

共享"过程"培养人才

指导师谷胜美指出"共享解决问题的过程,可以培养人才,提高团队实力"。

谷负责指导的公司，为了解决问题专门成立了一个项目组。小组成员来自不同的部门，而且年龄层和立场也各不相同。而担任这个小组领导的，是一名入职5年的23岁年轻人。因为经营层看中他将来的发展前景所以有意培养他。

尽管他的工作技能非常出色，并且拥有很强的自尊心，但负责解决的问题内容却和他自己的职场没有直接的关系，以至于他不能很好地领导这个项目组。加之他认识到自己和其他部门社员之间的能力差距，更加丧失了自信。

于是谷建议这名苦恼的年轻领导承认自己能力上的不足，多向其他的成员寻求帮助。

结果，在这个项目组中形成了一种"给年轻的领导以支持"的氛围，帮助他重新恢复了自信。

项目组内不但讨论的气氛变得更加活跃，而且解决问题的速度也变得更快了。

当以小组为单位解决问题时，因为意见和想法的不同可能会出现各种各样的摩擦。

但在消除摩擦解决问题的过程中，可以培养出具有领袖气质的人才，提高团队的整体实力。

解决问题的步骤是说服对方的有力材料

解决问题的步骤是非常理论性的。

解决问题的步骤是基于数据和事实将解决问题的方法明确地表示出来的过程，所以在说服他人时，可以作为非常有力的材料。

比如经营者或上司想要激发部下的工作积极性时，如果只是说"减少20%的加班时间"，那只不过是给部下提出了一个工作任务罢了。

但要是说，"因为出现了○○的问题，所以设立××的目标，实行△△的对策"，将思考的过程明确地表示出来，那么部下就会在理解的前提下展开工作。

部下说服上司的时候也一样。

通过明确过程来进行说明，更容易得到对方的理解。

解决问题的思考过程，是进行说服时最强有力的工具。

[STEP]

⑧ 固定成果

LECTURE 03

解决问题没有尽头

〉〉POINT

解决了一个问题之后，就要开始解决下一个问题。通过不断提高标准的水平来提高组织的整体实力。

改善的成功是新改善的开始

一个改善的成功，不等于所有问题都得到了解决。即便将成功的过程固定下来并且实现了横向展开，也一定还残留着其他的问题。

一个改善的成功，是另一个新改善的开始。

指导师谷胜美指出，"改善就是不断提高新的'应有状态'的成果级别"。

假设存在"公司玄关有燕子筑巢，每天都不得不清扫鸟粪"这样一个问题。

在这种情况下，只要在燕子窝下面放一个纸壳箱，那么只需要每天更换纸壳箱即可。将这个解决问题的方法标准化并且横向展开，那么在其他的建筑物也可以用同样的方法来解决问题。但是却会出现"摆纸壳箱看上去不雅观，每天更换也很麻烦"的问题。

针对这个问题，采取"在燕子窝的正下方（较高的位置）放纸壳箱来接鸟粪"的对策，不但解决了不雅观的问题，而且只要一年换一次纸壳箱就可以。

但是这样仍然存在第二年春天又有燕子来筑巢的问题。最终采取安装防鸟网和使用磁石等物品来防止鸟类在玄关筑巢的对策，大幅减少鸟粪问题带来的烦恼。

工作上解决问题也与此同理。

以营业部门为例，为了把握客户的需求而将"客户意见表"横向展开，成功把握客户的需求之后，接下来就需要解决无法立即对客户的需求做出应对这一问题。

这时，可以"建立能够立即应对客户需求的工作模式，并且横向展开"，实现新的"应有状态"的改善。

在标准化与横向展开的同时，进行新的"应有状态"的改善，提高标准的级别，可以提高工作的品质和工作能力。

解决问题没有尽头。

通过解决问题不断提高标准的级别

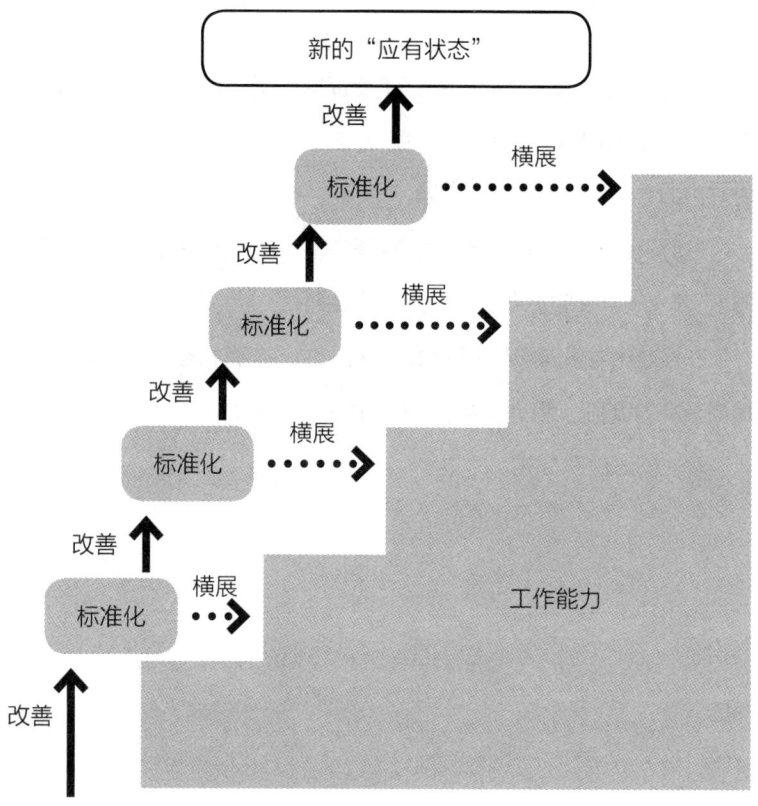

结 语

OJT-solutions的指导师都是在丰田任职40年以上的原现场领导，这些指导师深入顾客企业的工作现场，与一线的工人们一起工作，解决现场出现的问题。

以前我们所接到的委托多数都是和丰田一样的制造业发来的，但近年来，**制造业之外的金融机构、医院、超市、营业现场等各种各样的业态和业种都委托我们帮助处理现场出现的各种问题。**

这意味着什么呢？

我们认为，这是由于丰田的"思考方法"得到了世人的关注。之前一提到丰田，大家首先联想到的就是丰田的生产方式等工作现场的系统，并且尝试将这种系统导入到自己的企业之中。

但支撑丰田的生产系统和工作能力的，过去和现在一直都没有发生改变，那就是员工们的思考力，也就是"解决问题的能力"。

日本企业面对日益激烈的全球化竞争，也开始意识到支撑生产系统的"思考力"的重要性。

解决问题的能力（思考力），不只是生产现场需要的能力，而是办公室、营业负责人、服务业等所有商业现场都必不可少的能力。另外，管理层和现场负责人自不必说，就连每一名普通员工也需要具备解决问题的能力。用自己的头脑进行思考的员工越多，工作现场的实力也就越强。

只会接受"现成答案"的职场、放弃自主思考的职场，是不可能诞生出普锐斯这样的创新的。

能够持续创新，带动日本经济发展的企业，一定是培养每一名员工都拥有独自思考能力的企业。

如果通过本书可以提高读者的"思考力"，那将是我们最大的荣幸。

株式会社OJT-solutions